老人心理學

心理學

The Psychology of Aging

彭駕騂 ◎著

序

序

　　當全球正面臨高齡化社會全面衝擊的時候，出版本書旨在協助對老人生活中心理層面有關問題感到高度關切的讀者，作進一步瞭解的研究，並請有識人士之不吝賜教。

　　顧名思義，老人心理學乃心理學（尤其發展心理學）之一支，其所著重之焦點在探討老人心理發展的歷程，尤其偏重於四、五十歲以後之人士，如何隨年華老去之歷程中，心理、生理與社會行為的不斷變化。

　　本書將分為十三個主題，可作為社會與生物科學之補充參考資料，亦可供研究成人與老人教育之讀者，作為主要之教材。

　　另一方面，當社會正在不斷加強提供應有之老人服務、老人福利，乃至居家照顧、安寧看護等各項措施，本書所介紹之有關老人心理問題，有助於此等措施之全面推展。

　　坊間在老人心理學領域中，所發行之專書或專刊殊不多見，由衷地期待本書能夠收到拋磚引玉之成效。

　　本書之問世，承揚智文化事業股份有限公司葉發行人忠賢之多方指導，閻總編輯富萍之詳加協助，特此附謝！

　　本書在編寫過程中，小兒彭懷冰、彭懷恩、彭芸及彭懷眞或給我許多高見，或協助蒐集資料，也該表示一點謝意！

彭駕騂　時年83歲

二〇〇七年五月成書，以紀念亡妻彭劉雅英逝世週年

i

目 錄

圖目錄

老人心理學

表目錄

第一章
老人心理學概論

老人心理學在各個研究心理學的領域中，應該算是一個嶄新的園地。它之成爲一門獨立的學科，始於一九二二年美國心理學家Hall（1884-1924）所著的《老年期》一書。隨著世界高齡人口的急遽增加，老人心理學的研究，乃愈受世界各國朝野人士的普遍注意。

本章將就老人心理學的定義與其內涵，以及它與其他學科之關係及研究方法，分別加以申述。

 # 第一節　老人心理學的定義

首先，我們應該將心理學這一名詞，界說爲研究行爲的科學，那麼老人心理學也就可以定義爲研究老人行爲的科學。

Birren早在一九六四年就將老人心理學定義爲：「研究老人在老年期中行爲展發有關問題之研究」。迄今似乎學術界還沒有對這一個名詞作更新而爲大家所能普遍接受的新詮釋。

事實上，迄至二十世紀初，研究老人學的問題大多僅注意到生理學的範疇。二十世紀七十年代以後，才對老人心理層面有關的問題，廣泛地加以注意。

茲引用筆者在《老人學》一書中所提出老人學之不同領域圖（**圖1-1**），以供參考。

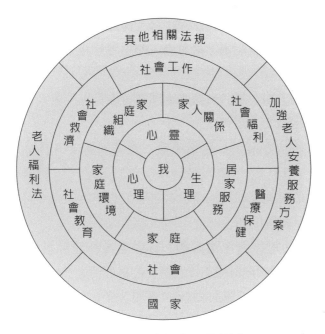

圖1-1　老人學之不同領域

資料來源：彭駕騂，《老人學》，頁4。

 # 第二節　老人心理學的內涵

　　老人心理學既以老人在老年期中行為發展有關的問題為主，其內涵最應該包括的當為下列幾個主軸：

1.老化的現象：探討老人在老化過程中各方面的改變。

2.老化的理論：探討老化的生物、社會行為等理論。

3.老人的健康：探討老人在生理、心理方面的健康問題。

4.老人的認知：探討老人一般的認知能力，以及不同教育水準、不同職業的老人在認知能力方面的差異。

5.老人的智力與創造力：探討老人智力與創造力等問題。

6.老人的學習與記憶：探討老人的學習、記憶與注意力有關的
　問題。

7.老人的人格：探討人格的涵義與特性，以及老人在老化過程
　中各階段的人格特性。

8.老人的人際關係：包括夫妻、親子、朋友各層面的人格特
　質。

9.老人的心理疾病與治療：探討老人心理疾病的不同病況以及
　心理治療等問題。

10.老人的退休與休閒活動：探討老人在屆齡退休前後之心
　　態、基本的理財規劃以及應有的休閒活動。

11.老人的死亡：探討生死的學問、死亡的陰影、死亡的過
　　程，以及如何撫慰往生者之親友。

　　以上這些主題散見於國內心理學、社會學、精神醫學、教學
原理、心理衛生、心理治療、社會工作以及社會福利等有關書刊。
本書特加彙編，在下列幾章中詳加討論。

 ## 第三節　老人心理學與其他學科的關係

　　這是一個科學統整的時代。

　　任何科學都奠基於其他學科之研究理論與實際問題探討之基
礎上，同時又以其研究所獲得之理論與實際，充實其他學科之內
涵。

　　首先，讓我們再回溯老人學之發展歷史。

　　在美國，老人學之興起而形成一獨特之學術領域，乃第二次

世界大學戰後，不同領域之科學家，包括生物學家、心理學家與人類發展學者，所聯合大力宣揚研究老人問題之重要性，並組合了各種型態的老人學研究發展組織。一時風起雲湧，其所研究的領域，不斷擴大，其所研究主題又紛紛獲得社會人士之普遍支持。於是乎又不斷網羅了人類學、人口學、經濟學、流行病學、歷史學、人文與藝術、政治學與社會工作學以及若干專門為老人服務之務實工作者。

無可疑義的，老人學在二十世紀末期，已自行形成一廣博精深的獨立學術。同時，又陸續在老人學領域中，發展出老人心理學、老人社會心理學、老年社會學、老年社會工作學、老人醫學、老人社區發展研究與老人福利機構管理等等不同之園地，分別探討有關之理論與實際問題。

進一步來說，有關老人研究之理論，展現了下列不同的層面，分別引起不同的研究方向：

1. 基本的假設：尤其有關人類的本質，究竟人類行為乃先天所註定，而且是可以預測的，或者說個體基本上都是可塑性極大、富有創造力及變化性？

2. 基本內涵：所研究主題，原則上是反映了社會之整個興趣與要求，或是聚焦於機構之宏觀性或個體在面對不同情境互動時之反應？

3. 基本認識論：所研究之方法，究竟採取絕對論、闡述論或是批判論？

4. 所運用之研究方法：是採取歸納法或演繹法？

5. 其所研究之終極目標：是在描述事實，解釋其所以然，或者進一步要探討其所可能之發展，期待對某些現狀有所改變？

以上這些基本的理論，逐漸地形成老人學研究中之四大主

流，分別以生物科學、臨床科學、行為科學與社會科學來進行比較分析。

科學理論的傳統界說，基本上是以演繹法為主，肇始於一般觀念之詮釋，繼以邏輯性的系統，分析觀念間之各種關係，然後應用只憑經驗所獲得，加以連貫。再以實證檢驗最初之假設。以政府將支助若干機構，進行有關老人福利為例，勢必經由這些機構，參照社會之需求與政府之可能政策，提出具體申請方案，其中包括：

1. 擇定具體項目，作為申請主軸。
2. 提出若干假設，推估這些項目之可行度。
3. 彙集老人社會福利推展之有關研究文獻，進行分析評估。
4. 參照社會科學行為研究法之具體策略，擬訂實況分析、調查問卷或面談之步驟。
5. 收集各項具體成果，如問卷、晤談資料之統計與分析。
6. 邀請與老人福利有關之專家學者舉行座談評估。
7. 修正或充實所分析之資料。
8. 參照最初所擬議之基本假設，核對分析之資料。
9. 正式提出申請，並擬議可能之追蹤輔導計畫草案。

在這樣一個過程中，雖以老人福利為研討主軸，勢必廣徵與老人學有關學科專家學者之意見，達成了研究統整之具體成效。

更體來說，任何老人問題之研究，必須依照一些學術之研究理論與實際研究結果，作為準繩。其中包括了生物、心理與社會學之三大領域的理論。

茲分別闡述這三大領域的相關理論，並說明老人心理學與幾個其他學科之關係。

一、第一大類——老人生物性的理論

　　老人生物性的理論旨在探討個體器官、系統與細胞之運用。由於人體之構造與功能是如此的錯綜複雜，此一理論又可分為若干細目，分別探討不同器官、系統與細胞群之有關問題。

　　老人生物性的理論又分為幾大類：

(一)內外在廢物堆積理論

　　此一理論強調的是在我們日常生活環境中，無可避免地都承受了污染的物質，無論是空氣污染、水污染與土壤污染，都將累積了個體所不能承受之重。嚴重的時候，造成了身體正常功能的嚴重傷害，甚至死亡。台灣中部戴奧辛事件與台南沿海之烏腳症流行，即可證明。

(二)發展性基因理論

　　此一理論強調個體生命是延續的，它是隨著身體中發展的各種器官、系統、細胞的不斷運作而受著基因的控制。這一派中，目前最受大眾所注意的是從自由基中揭開老化之謎。

　　在人體代謝過程中，會產生自由基，為維持生命所必需。在正常狀態下，體內自由基的產生與消除，應處於平衡狀態。但是隨著年齡增長，體內清除自由基的能力也隨之下降，此時體內過量儲存的自由基就會造成脂質過氧化，損傷生物膜，影響細胞功能進而導致疾病和衰老。

　　國內名醫師孫安迪指出，衰老的過程，可能就是細胞和組織中不斷生成的自由基所損傷的結果。他同時建議個體應攝取合理的

膳食營養，以保持正常抗氧化功能，有效清除自由基。

(三)細胞質老化理論

當許多專家學者致力於個體器官、系統與其間之統整功能，另外有一些學者則探討細胞對於老化之影響。其中又可分為三個不同領域：

1.強調細胞與細胞間之不正常雜交與互動，如何影響了個體的衰老。
2.探討發展過程中，細胞是如何轉化其功能。
3.從DNA理論，引申到研究細胞是如何複製或折轉。

以上所提出的三方面細胞質老化理論，都在方興未艾中，有待進一步加強其研究，以求更具體成效。

其他如進化論、神經心理學理論，應用於解釋個體衰老現象，正在不斷發展中，也值得我們注意。

二、第二大類——老化的心理學理論

老人心理學是一個非常複雜的領域，其中又可分為次領域（認知發展、人格發展與社會行為發展），以及若干研究的主題（記憶、學習、感覺與知覺、心理語言、社會心理學、肌肉技能以及發展心理學）。不同領域與主題間之界線可能是模糊而難以具體劃限的。有時心理理論，也可視為社會心理學，有時也可將之列入行為學、生理學中的神經心理學之研究中。不過，殊途同歸的，他們所探討的主題，大多以個體在生命週期中行為的多方面變化為焦點。

老人心理學的幾個重要理論，包括了下列幾大方面：

(一)生命全期的發展理論（Life-span Development）

在老人心理學的基本架構中，最受大家所注意的是生命全期發展理論，張春興以為在迄一九四〇年以前，發展心理學的研究主要以兒童與青少年階段為主，此後漸漸向後延伸，到了六十年代的發展心理學，已公認應將自出生到老死的生命全期，做為研究的對象。

生命全期發展理論包含了生物與社會發展的兩大領域，它一方面研究不同個體在發展過程上的一致性，另外也探討不同個體發展中的差異性，如基因的不同以及社會文化、社會階層的不同。同時，它也強調個體的第二人生，明顯地受到個體的個別差異與人際互動關係影響，而形成不同的生活特質。

在生命全期發展的諸多理論中，E. Erickson的心理社會學發展理論，是最有權威性的代表，本書將在多處加以申述。

(二)選擇、快感與補償理論

生命全期發展理論衍生了許多有關年長者在各種考驗時所作的選擇理論。這些理論強調了個體面臨各種挑戰時，往往基於如何調適自己，謀取更多正面的滿足感，至少能夠將不如意的情緒減低到最小的負面感受。

他們幾乎一致認為人生有得必有失，尤其是上了年紀的人，如何一方面自我克制，減少不必要的負面刺激，另一方面，試探更佳的調適之道。同時，他們強調年長人士應以足夠信心，最多努力，謀求成功，或者至少避免引起挫折感的機會，更加充實自我，提升生命之價值。

這一派理論引進了精神分析論所提出補償作用（compensation）觀念，主張以積極態度，不逃避現實，力求克服困難，解決問題。至少在追求目的受挫或因年華老大、力不從心的時候，改以其他活動方式來代替，從而克服自卑而力求超越。例如，老年人的記憶能力固然不可避免地會不斷消退，但是如果投以更多時間，反覆練習，仍然可以得到預期效果。此一派學者中不少引申阿德勒（Adler）的補償觀念，認為個人，尤其老年人，如果因為某方面條件短缺而產生自卑感時，不妨嘗試其他活動，甚至以幻想方式去超越自己，以消減因自卑感帶來的痛苦。

總而言之，這派學者認為人生本來就是不斷的試探、抉擇、捨求的過程。一時之得，應善加發揮其最大功能，相反的，一時之失，也不妨將之視為另一個迂迴前進的契機，只有堅持生命之樂觀信念，終有更成功的時候。

(三)社會情緒選擇理論（Socieo-emotional Selectivity Theory）

這一派學者具體地將上述之選擇理論，與社會變遷理論，予以綜合分析，用以解釋何以年老人士在中年以後，逐漸地由日常社交圈子退出，而減少各種聯誼活動的緣故。印證六、七十年代，美國所盛極一時的脫離理論，可看出老年人隨年歲而減少與一般人士的互動，但是卻與其最親的朋友或兄弟保持更密切的理由。

這一派理論也解釋了為什麼不少老年人寧願獨處，要求獨樂樂，而不願與一些朋友進一步深交的緣故。證之許多年長人士，在外表看來，似乎自視甚高，不願與眾人起舞，讓人家錯認為他們故作清高，矯揉造作，實則是他們閱人較多，生活經驗亦日廣，往往基於自己的興趣與所有的人生觀，在各方面都有更多選擇性的考慮，甚至有時過於情緒化，導致故舊日稀，新交不易。

(四)超越主義理論（Gerotranscendence Theory）

這一派學者認為一個人年華老去的過程中，大多將以往所汲汲經營的名利與事物，慢慢地昇華為心靈寧靜的追求。甚至視萬物都是糞土，視一切都是過眼雲煙，更看破生死情關，唯求心身的超越。

這一派學者以為有智慧的老年人士，必先求以樂天達觀的心情，面對時空的轉變，面對個己價值的轉變，面對死亡的陰影，並重新評估個人之生命意義。

顯然地，這一派學者對於年長者心態之變異，受到宗教哲學之影響頗深，其後續之發展，有待密切觀察。

在老化心理學各種理論中，還包括認知之理論，人格發展等等，因為將在本書第五章及第八章中分別申論，茲不另多贅述。

三、老化之社會學理論

較之老化之生物學與心理學理論，老化之社會學理論所涵蓋之範圍較廣，其所引起之爭議亦較多，同時此一領域之專家學者也大多出道較晚，必就缺少一些象徵性之思想核心人物。

綜觀老化之社會學理論之發展，大致上可分為兩大階段：一九七〇前之開創時期與八〇年代後之修正與發揚時期。

第一個時期之代表理論（Amerz, 1993）：

1. 脫離理論（disengagement theory），此一理論本書將另行詳加分析批判。
2. 積極參與理論（active theory）。
3. 現代化理論（modernization theory）。

4.次文化理論（subculture theory）。

第二期之代表理論如下（Amerz, 1993）：

1.社會交換理論（exchange theory）。
2.社會分裂與能力理論（social break down/competence theory）。
3.年齡階層透視理論（age stratification perspective）。
4.政治經濟與年齡透視（political and economy of aging perspective）。
5.延續理論（continuity theory）。

茲擇要介紹其中目前最盛行之生命歷程透視（life perspective）理論如下：

此一學派為當今老人社會化所最為一般學者引用之理論，強調要瞭解今日老人所處之環境，必須探討其在生命歷程中，以往之點點滴滴，同時以宏觀或微觀觀點分析不同年代中群體或個體之轉變，才足以解釋或引導你沈思的方向，以便詮釋：

1.生命彈道（life trajectories）中，與生命有關之轉變。
2.生命本質中機動與進展的本質。
3.生命，尤其是老年人之生命，是如何受社會內涵與文化變異之影響，而不斷重新塑造其自我。
4.老年人之個己與同儕關係之發展，如何受到不斷時空變化的影響。

由此派學者之觀點，可看到他們本身也深受心理學、社會學、人類學與歷史學的影響。它本身就統整了這些學科對老人學之思想精萃。

　　此一學派一方面強調不同個體與群體之發展，受廣大社會之演變而不斷變異，另一方面也強調唯有創新才能開創人生，尤其晚年生活之新契機。

　　此一學派若干所提出之理論，確有綜合性與獨特性之見解，但尚有待更多努力以充實其內涵，但其所強調之科際統整、行動研究法，對於老人學與其他學科之相輔相成，確有莫大貢獻。

　　此外，近年來有關老人社會化之新理論，風起雲湧，各有其不同見解，其中最引起注意的是後現代主義、女性主義、社會結構主義、人性化社會變異主義等等，限於篇幅，茲不另贅。

　　綜合本節前述之老人生物性理論、老人心理學理論與老人社會學理論，接著我們先以**圖1-2**來說明老人學與自然科學及應用科之關係，並以**圖1-3**看出老人學與人文科學暨行為科學之關係。

　　最後由**圖1-4**可看出老人心理學在學科體系中的位置。

四、老人心理學與其他相關學科之關係

(一)老人心理學與心理學之關係

　　老人心理學原本就出於心理學，關係自然至為密切，尤其：

1. 普通心理學所談論的行為發展、學習原理、動機與情緒、社會行為、挫折、焦慮與適應、變態行為與心理治療等主題，更是研究老人心理之先修課程。
2. 社會心理學係研究人在社會環境裏的行為與經驗的一種社會科學，要分析老年人中，個人與個人，個人與團體，以及團體與團體之間的相互作用，勢必借重社會心理學之研究不可。

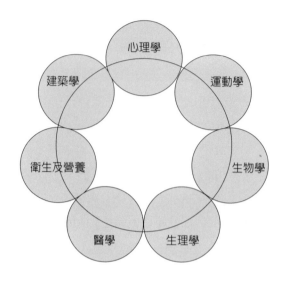

圖1-2　老人學與自然科學及應用科學之相關

資料來源：彭駕騂，《老人學》，頁8。

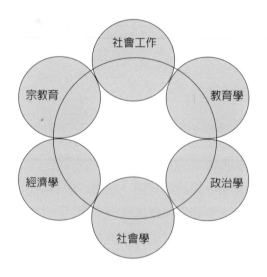

圖1-3　老人學與人文科學及行為科學之相關

資料來源：彭駕騂，《老人學》，頁9。

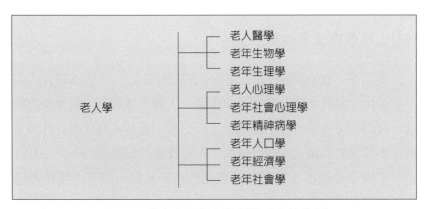

圖1-4　老人心理學在學科體系中的位置

3.研究老年人的學習、記憶、思維與創造力，當然先要對認知
　心理學、學習心理學與創造心理學有所瞭解。
4.研究老年人的人格發展與變異，人格心理學自然提供入門的
　資料，有時參考心理衛生與變態心理學也有它的價值。

(二)社會學與老人心理學之關係

　　研究老年人的發展歷程，勢需對文化之界說與內涵、社會之
結構、個體社會化之過程、社會團體及組織、社會階層、社會變
遷、都市化、全球化與資訊社會先有一些基本之認識。

(三)行為科學與老年心理

　　行為科學中所研究之重點，如人類行為的假定、感知、挫
折、衝突、價值觀、領導行為、溝通、交流分析、解決問題與團
體，都是研討老年心理所要先行瞭解的。

(四)生理學與老年心理

生理學（Physiology）是生物學的分科之一，內容為研究人與一切動物的器官功能、生活現象等等。人體本身就是一個神奇的結構，我們的感官與所有生理系統是否正常，老年人為什麼有許多生理上不健康的問題，生理學提供了許多寶貴的知識。

生理學也提供了我們是否健康的若干指標，除了大家所熟悉的正常體溫應在攝氏37℃上下，血壓多寡也有具體數值，作為是否正常之依據，血糖在飯前的標準值為70-110 mg/dl；飯後血糖標準值為80-120 mg/dl，超過或遠低於此項數字，都必須追蹤檢查。

對於老年人，定期身體檢查更有其必要性。

老年人之眼壓標準值為5-20 mm hg，老人所常見之白內障，尤其青光眼，都是因為眼壓上升，導致視神經萎縮和視力損失。只要早期發現，早期治療，大部分老年人的失明都是可以預防的。

此外，白血球之標準值是4.5-10.0 k/ul，如果偏高可能是發炎、感染、尿毒症之前兆。過低的話可能是抵抗力降低、再生不良性貧血等原因。

不少老年人有膽固醇過高或太低的問題，易引起高血壓、動脈硬化及腦中風，若含量太低則表示可能有貧血、肝障礙或營養不良。

另外一些老年人三酸甘油脂（中性脂肪）偏高，則易患糖尿病、動脈硬化、心肌梗塞等症狀。

這些生理學的基本常識，都是一般老年人或是照顧這些老年人的家庭看護所應該具備的。

同時，生理上有什麼必需的營養，用以維護健康，免疫抗老，如果時加注意，當亦有其絕對之必要。

(五)醫學

醫學，尤其精神醫學更是研究老年人所必須具備的知識。

所謂精神醫學，涵蓋了精神病理的探討，各種精神疾患（包括精神分裂、妄想疾患、焦慮疾患、心性疾患及人格異常）之分析，以及心理治療，都是現代人所應該研究的。本書將在第十章「老人的心理疾病與心理輔導」一章中詳加介紹，茲不另贅。

 # 第四節　老人心理學的研究方法

由於老人心理學涵蓋了老人在老化過程中一切行為的改變，其研究方法大致運用了其他行為科學大致相同的方法，又因為其研究對象的特殊，乃有其單獨之研究法。

在相同方法方面，它運用了自然科學與社會科學所必用之邏輯學，以便主觀意識反映客觀的存在，並透過思維形式與思考方法，對人、事、物的基本原則有進一步認識。同時，廣泛地透過調查研究、資料收集，並使用統計學的原理與方法，加以整理研究，提出結論。

在不同方法方面，Belsky（1984）就提出橫斷面與縱斷面兩大研究方法。茲分述如下：

橫斷面研究法（cross-sectional studies）乃研究法中最容易施行之方法，因此在許多研究法中是最為普遍應用的方法。在橫斷面研究法中，不同年齡群體按使用者之需要，按年齡予以分組研究比較。

譬如說，我們要探討是否年齡愈大，思想愈傾向於保守，那

就要從三十歲、四十歲，以及七十歲群體中，同時舉行問卷研究。分組取樣時，先要排除社會階級與政治立場對這些研究對象的影響，以求正確。問卷結果加以統計分析，就可以看出七十歲群體的一般平均分數，判定其是否偏於自由開放或是趨向於保守。同時，較之於三十歲、四十歲組之平均分數，就可以看出不同組別之間所有的差異。也許，結論是年紀愈大，思想愈趨於保守，證實了一般大眾對年長者不夠積極的假設。

採用縱斷面研究法（longitudinal studies）研究老人發展時，乃對同一老人或同一組老人的某種或多種行為特徵作追蹤研究。其優點是符合個體行為發展的本義，由同一對象所得資料，便於解釋發展中行改變的因果關係。由於它可在群體或個體研究時加以運用，自有其價值。

但是施行此一方法時，實施有其限制與困難：

首先是每一個體都是獨特的，他必然在年齡增長時，顯現些微行為模式改變。因此要歸納縱斷面研究法的時候，很難將某一個體或某一群體的結論，作為解釋、推論其他個體或群體之依據。

其次，縱斷面研究需要投入大量之物力與人力。研究者不論是個人或團隊人員，都必須保持長時間的研究精神與專業興趣。所運用的研究素材，必須保持長時間的某一段時日的不變性。更重要的是研究對象也需要以高度的熱忱與興趣，長時期加以配合。研究的時間愈長，所遭遇的困難一定也就愈大。最大的麻煩是團隊中某一兩個成員的退出，研究對象也因為失去最初參與的興趣不再繼續參加。尤其是研究需要追蹤的時間，如果超過三至五年，乃至五年以上，研究過程中所可能發生之問題一定愈來愈多，其結果之效度也就難免因而不斷遞減。

最後一點，恐怕也是最重要的一點，就是時間愈長，受到主觀、客觀的影響一定也愈大。外在的環境都變了，受測者的一切當

然也跟之不同，其所反應於測驗之中的各種反應信度，難免也有斟酌之處。

　　雖然如此，這樣的一個容易獲得的結論，卻是不盡正確。因為我們所有的假設是思想的保守與年齡有關，卻忽略了一個基本前提，那就是單憑問卷中所設計的問題，不足以衡量時間跨越的影響。一個七十歲的老人與一個三十、四十歲的成年人，根本所處的時代不同，其所受時代的影響也不一樣。如果有這樣一個題目：你認為當今一般青年在穿著上是否過於炫耀？毫無疑義的，七十歲的老人一定表示同意，但三、四十歲的人也許因為正值壯年，所有的觀念，可能就大有不同。進一步來說，這樣一個問卷，如果在十年前實施與十年後實施，也必然會有極為不同的結果。因為經濟的變遷與社會的普遍觀念，都可能隨著不同的時代背景，深深地影響人們的思想與意念。

　　也許，我們可以這麼說，上述橫斷面的研究，可以在某方面顯示年齡的差異，卻無法顯示正確的年齡變化。屬於不同的出生組群，就成為足以混淆上述研究結論的變項。究竟是因為年齡愈大愈保守，或是同一年齡之中同輩（cohort）之影響，左右了他們的思想。思想觀念受年齡多寡之影響較多，或者受同一年齡同輩之中的影響較深？我們缺乏正確批判論斷的更多憑據。

　　同輩在老人心理學研究中，是一個極為重要的名詞。同輩差異（cohort differences）是指在不同時間出生者之不同，也可以指在一個特殊短暫時間之內的任何組群的不同。譬如說在一九四五年、在一九九五年或二〇〇〇年出生者，就分別歸屬於三個不同的同輩之中。仔細觀察同一年齡的個體，可以看出外表的差異與心理功能的不同層面。不同年齡的同輩，文化與社會經驗，既隨著歲月而流動，其中差異當然也就遠大於相同年齡之差異。

　　同輩的因素，在研究個體內在行為，如思想、態度、觀念

上，尤其不易得到具體結果，因為足以影響這些行為的變項太多，僅憑問卷探索個體的內心世界，是很不容易的，而其結果在分析上尤其困難。譬如說，我們研究不同年齡組別中的體能與智能，就很難透過有效的問卷設計與仔細研究其結果，就可以斷言，年長者的體能與智能，的確有隨著年齡而衰退的現象。

更重要的是不同年齡同輩之間，受其所成長環境之影響非常大。出生於第二次世界大戰嬰兒潮的個體，較之出生在美國經濟大蕭條的個體，不論在教育的機會、成長的環境都有著極大的差異，其思想、意念乃至價值觀當然也就有著明顯的不同。由同一問卷來評量或研究不同時代出生的同輩團體中的成果，自然有失公允。

還有一些有趣的問題是橫斷面研究法所無法評量，而給我們一些正確的答案。譬如說：為什麼小時了了，大未必佳？一個個體如果年輕時曾受過一些心靈上的打擊，到了年老時，一定是心理上極不正常嗎？一個中年時不抽菸、不酗酒、好運動的個體，一定保證在老年時比人家健康嗎？一個智力不高的個體，長大之後一定比人家沒出息嗎？這些問題都不是橫斷面研究能給予正確回覆的。

事實上，老人心理學既是心理學的一旁支，研究心理學所常用的幾種方法，如觀察法、調查法、測驗法及實驗法也都可應用於老人心理學的研究。

 ## 第五節 結語

世界各國，包括我國在內，老年人口比例都在不斷增加。早在二十世紀末葉，世界上許多先進國家都已紛紛進入高齡社會的時候，我們對老年人究竟瞭解多少？怎樣才能真正做到「老吾老以及

人之老」？

　　本章首先提出老人心理學在老人學中的地位，以及老人學與自然科學、人文科學與行爲科學之關係，繼而討論老人心理學之內涵與研究方法，由衷地希望對這些問題有興趣的讀者，因爲對老人心理學的更多瞭解，而樂於以後奉獻更多心力，造福老人，達到大同的理想。

 進一步的問題...

一、試略述老人心理學的性質。

二、試比較橫斷面研究法與縱斷面研究法的優缺點。

三、如果你有志在現在或未來投身於老人心理學研究的領域
　　中，現在如何加強裝備自己？

第二章
生命周期與老化

老人心理學

　　浩瀚宇宙有其運轉之定則，普天萬民亦有其生生息息之定時。歲序更迭，四時流轉，乃至日出日落，花開花謝，也有其不變之準則。《聖經・傳道書》第三章：「凡事都有定期，天下萬物都有定時」，揭示了千古不變真理。

　　「夫天地者，萬物之逆旅，光陰者，百代之過客」，是大家所熟悉的一句話。人之一生，由生到死，更有其一定周期，所不同者，由於人的平均壽命不斷延長，社會又在急遽變遷中，因此近年來，生命周期與老化有關問題，乃引起大眾之普遍注意。本章將就這些問題，分別加以申論。

 第一節　生命的周期

一、個體生命周期

　　生命有其長短，百年之中，人之一生宛如四季之周期。童少時，生機盎然，一如春之艷麗；青少年時期，百花綻放，恍如春末夏初大自然之美景；及至成年，學業有成，事業有成，一如中天夏日，光芒四射；到了成年後期，秋風秋雨，一方面是慶祝收穫之季節，一方面卻面臨中年之危機。五十年華既過，生命逐漸出現歲末冬日之景象，不知不覺中，髮已蒼蒼，老化現象與日俱增。

　　由於生命之不斷延長，成年至晚年臨終的時間也就愈來愈長，如果以十八歲視為青少年之結束，成年早期之開始，到生命之結束（暫時以九十歲計），這一階段，長達七十餘年，幾乎涵蓋了人一生之中五分之四的時間。

　　不同年齡，個體之成熟度與其人格之特質，自有明顯之差異，爲著學術研究之方便，學者乃參照學者研究將十八歲以上至臨終死亡爲止之個體，劃分爲下列幾個階段：

(一)成年早期（十八至三十歲之間）

　　個體生理發展大致順利完成，學業也已經高中畢業，部分升學，部分就業，展開了生命歷程中第一大階段之考驗。

(二)成年中期（三十至五十歲之間）

　　此一階段之個體，事業邁入巔峰狀態，家庭婚姻也都趨於穩定，身心發展逐漸由極盛而逐漸下滑，間或已出現中年危機之現象。

(三)成年晚期（五十至六十五歲之間）

　　中年危機之跡象日益明顯，個體進入更年期，家庭進入空巢期，更嚴重的是面臨退休前後之極大桃戰。

(四)老年期（六十五歲以上）

　　由於六十五歲以上高齡者身心發展、認知能力、情緒人格等情況每年都有不同，因此又可分爲：

1. 早年老人期（指六十五至七十五歲之間）：Erickson所認定的親密／孤立階段。
2. 老年期（指七十五至八十五歲之間）：Erickson所認定的生產與停滯階段。
3. 老老年期（指八十五歲以上）：Erickson所認定之統整／絕

望階段。

個體進入老年期以後，究竟是夕陽無限好，或是即將夕陽西沉，那就看個體如何調適了。

二、家庭生命周期

其實，個體固有其生命周期，家庭也有其周期。

Duyalls將之分爲八個階段：

第一階段　剛結婚成家，夫妻各自盡力扮演其角色。

第二階段　第一個子女誕生，夫妻初爲父母。

第三階段　第一個子女已在兩歲到六歲之間，父母之角色有了變化。

第四階段　大的子女都上學了，父母角色再次變化。

第五階段　大的子女都已達成年期，父母角色也跟著變化。

第六階段　大的子女先後離家，各奔前程。父母只有不斷祝福。

第七階段　所有子女都離了家，家庭進入空巢期。

第八階段　夫妻一方退休或雙方都退休。職場的工作角色告一段落。

有的學者將之補充爲：

第九階段　夫妻雙方之中一個不幸病故，留給另一方的是寡居的歲月。

第十階段　也是曲終人散的時候，寡居的日子也告結束。

家庭生命周期也好，個體生命周期也好，其中的每一階段都

有它應盡的任務、應完成的使命，當然還有更多數不盡的挑戰與考驗，都將在本書後面幾章中分別申述。

第二節　高齡人口之衝擊

第二次世界大戰後，大約介於一九四六年間到一九六四年間出生的所謂「嬰兒潮」世代，由於人數龐大（光以美國來說，七千七百萬嬰兒出生，約占美國總人口的三分之一），一直是帶動全球發展的主要力量，更一手締造了人類有史以來最輝煌的集體成就。

同時，由於少子化已成為全球進步國家之普遍趨勢。相對而言，老年死亡率又不斷下降，導致老年人口總數不斷上升。一般預估到二〇三〇年，美國人口結構圖，將由原來金字塔型變化為矩型，**圖2-1**可供參考。**圖2-2**則顯示不同年齡組別在人口總結構中之比例。

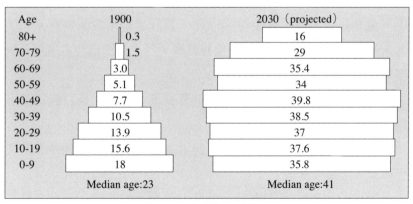

圖2-1　美國人口結構圖

資料來源：Perlmutter & Hall(1992), *Adult Development & Aging*(2 edition), p.9.

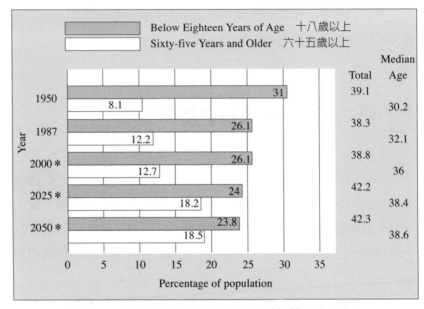

圖2-2　美國不同年齡組別在人口總結構中之比例

資料來源：同圖2-1。

時間過得很快，打頭陣的嬰兒潮前段生，現在應該已屆退休年齡，或者接近退休年齡。由於生活環境較優渥、營養衛生之改善、醫療技術之精益、維生觀念之日新，世人生命均在不斷延長之中，尤其是這些嬰兒潮出生的一代，預計平均生命都將在八十到九十歲之間，於是乎出現了全世界高齡人口之比率都在不斷提升的現象。

高齡化之衝擊，首當其衝的是嬰兒潮後出生、今日數以萬計的四、五十歲的中年人了。

近十多年來的一連串全球化競爭與職場劇變，讓許多人的人生佈局被全盤打亂。

對目前中年的朋友來說，很多人還是上有高堂、下有學齡子女的「夾心族」，養家活口壓力沉重，但職場空間卻已無預警地日

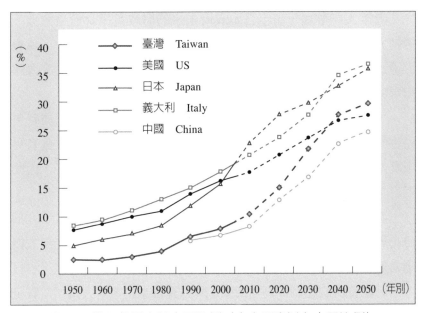

圖2-3　世界各國高齡人口比例（六十五歲以上人口比例）

資料來源：經建會／繪圖：魏錦華。

漸縮窄。資遣、裁撤、強迫提前退休、終身正規工作已悄悄地快速
消失，蔚成了今日一般職場的最大夢魘。

　　老年人更不好過，以往養兒防老的觀念，完全行不通，要依
靠子女善自奉養，已成了多少老年人擺脫不了的心結。如果平生沒
有什麼積蓄，要想再找另一份工作，更是難上加難，因此很多老年
人對長壽是既愛又怕！

　　接下來我們再來看看日本的老年人口問題。

　　根據《天下雜誌》（三六四期，二〇〇七年一月十三日）之
報導，二〇〇五年日本六十五歲以上人口占就業人口比例為25%，
到了二〇五〇年，這個比例會增加到60%，也就是每一點七個就業
人口，就有一位是老人。另外出生率持續下降，讓二〇〇五年的日
本人口減少了一萬九千人，未來十年，也會繼續緩慢地減少。

老年人口增加，表示日本政府未來的財政負擔會愈來愈重。勞動人口縮水，表示未來賺錢與儲蓄人口會減少；儲蓄減少，就會影響到未來企業投資的資金來源。當勞力的供給與投資基金來源都出現問題，經濟就會走向衰退。

不過，出生率降低，雖然造成日本勞動力縮水，但在同時，這也代表了懷孕與撫養小孩的女性會減少，少了這些負擔，就有更多女性可以投入職場。日本女性的教育程度在亞洲數一數二，因此對日本經濟成長的潛在貢獻，將會很可觀。

其次，日本老年人，尤其是退休的老年人，經驗豐富，大部分仍對現代社會的生產力，有很大正面的幫助，而且日本老年人口通常擁有可觀的資產。據估計，日本六十歲以上人口的財產，占日本家庭總資產的比例，高達52%，所以說日本的老年人口，其實是一股非常龐大的消費來源。這一點與我國情形是有大的不同。日本社會如果有效地運用老年人的經驗與專業，減少金字塔頂端勞動力的供給缺口，也可以有效地解決勞動不足的難題。

接下來再來看看臺灣高齡人口在結婚晚、生育晚之情況下所產生之問題（**圖2-4**）。

一九九三年，臺灣正式跨入聯合國定義的高齡社會，六十五歲以上人口達到百分之七，共計一百四十八萬人。二〇〇三年，老人比例已增至9.4%。

行政院預估到了二〇三一年（民國一百二十年），比重將增加至23%，老年人口數增加為五百六十餘萬人。

目前臺灣人口結構圖是兩頭小、中間大，現在位居腰部的十五歲至六十四歲的人口，也就是所謂工作人口最多，平均每8.3個工作人口撫養一位老人，到了二〇二五年，就變成只有3.6個工作人口撫養一位老人。整個社會所面臨的衝擊之大可想而知。

由於職場劇變，要想掌握自己未來方向，實在不是那麼容

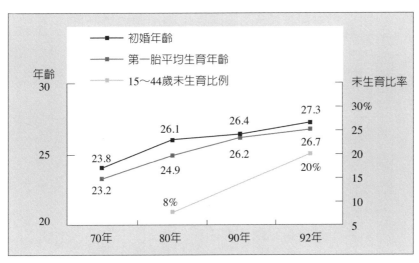

圖2-4　臺灣人口老化速度

資料來源：內政部／繪圖：魏錦華。

易。眼前看來，隨著老化的趨勢日益加速，而生命長度又不斷增長，職場的掙扎，似乎永無止境。不論是年輕人、中年人乃至成年人所面臨的壓力、過勞、抑鬱、恐懼也是有增無減，全國上下應該亟謀良策，以求因應。

　　由**表2-1**可看出臺灣人口的現況：

1.二○○六年時六十五歲以上人口已占總人口數之9.9%；但十九歲以上人口僅占2.5%，可見他日生產人口遠不及依賴之人口，嚴重地影響國家整體競爭力。
2.人口高齡化之後，政府用於老人慢性疾病之健保費用，以及安養他們的費用，自然也就大幅增加，對於國家財政與經濟之影響，也必然愈來愈大。

　　筆者根據**表2-1**資料，設計出臺灣人口結構圖如**圖2-5**。

表2-1 臺灣戶籍登記現住人口數（按五歲年齡組別分）

年(月) / 組別	95年1月	95年2月	95年3月	95年4月	95年5月	95年6月	95年7月	95年8月	95年9月	95年10月	95年11月
總人口數	22,778,581	22,784,720	22,791,052	22,797,314	22,805,647	22,814,636	22,823,604	22,832,173	22,839,043	22,850,661	22,863,122
0～4歲	1,136,782	1,132,820	1,128,774	1,123,579	1,119,755	1,115,919	1,111,684	1,107,320	1,103,098	1,098,846	1,096,697
5～9歲	1,499,284	1,496,066	1,490,788	1,486,191	1,481,357	1,476,833	1,471,228	1,465,142	1,458,163	1,451,791	1,443,935
10～14歲	1,612,552	1,612,460	1,613,665	1,614,367	1,615,225	1,615,395	1,614,718	1,614,591	1,614,837	1,615,176	1,615,061
15～19歲	1,589,678	1,590,071	1,590,678	1,591,936	1,593,200	1,595,422	1,597,788	1,599,520	1,599,898	1,600,952	1,605,015
20～24歲	1,857,632	1,850,455	1,843,160	1,835,758	1,828,648	1,820,043	1,810,526	1,800,585	1,790,613	1,779,911	1,769,313
25～29歲	2,006,151	2,007,551	2,007,302	2,007,861	2,008,037	2,009,085	2,010,462	2,009,617	2,008,519	2,005,013	2,001,658
30～34歲	1,780,427	1,780,306	1,782,608	1,786,045	1,789,644	1,794,124	1,799,799	1,805,516	1,812,835	1,820,722	1,828,939
35～39歲	1,868,955	1,866,000	1,863,022	1,861,324	1,860,241	1,859,225	1,859,023	1,859,554	1,860,336	1,860,002	1,856,159
40～44歲	1,922,096	1,923,962	1,924,211	1,923,415	1,923,461	1,924,009	1,925,099	1,923,752	1,920,784	1,921,868	1,923,063
45～49歲	1,812,271	1,814,356	1,813,316	1,813,612	1,814,644	1,817,609	1,819,814	1,816,158	1,814,517	1,822,592	1,828,020
50～54歲	1,612,297	1,612,311	1,617,263	1,621,738	1,625,879	1,627,829	1,630,976	1,642,136	1,648,559	1,645,216	1,645,817
55～59歲	1,079,376	1,096,029	1,112,565	1,124,818	1,135,237	1,146,117	1,156,041	1,167,080	1,178,996	1,191,025	1,202,575
60～64歲	775,062	769,890	766,251	764,557	764,646	764,113	764,238	764,375	764,466	765,308	766,037
65～69歲	718,306	721,485	723,339	726,118	727,308	728,201	728,868	729,825	731,006	733,165	735,623
70～74歲	586,995	586,901	587,040	586,549	586,619	586,284	585,489	585,320	585,654	586,525	587,259
75～79歲	482,339	482,971	483,702	484,456	484,091	484,549	485,512	486,181	487,468	488,925	490,303
80～84歲	277,122	278,235	279,456	280,137	281,793	283,269	284,547	286,155	288,171	289,958	292,033
85～89歲	114,204	115,482	116,273	117,115	117,954	118,562	119,628	120,892	122,217	124,211	125,638
90～94歲	37,909	38,096	38,262	38,297	38,416	38,498	38,578	38,815	39,179	39,595	39,994
95～99歲	7,374	7,485	7,576	7,622	7,652	7,700	7,720	7,753	7,833	7,949	8,047
100歲以上	1,769	1,788	1,801	1,819	1,840	1,850	1,866	1,886	1,894	1,911	1,936
平均年齡(歲)	35.81	35.84	35.88	35.92	35.95	35.98	36.02	36.06	36.11	36.16	36.20

資料來源：內政部戶政司，取自2007/01/05，http://www.moi.gov.tw/stat/。

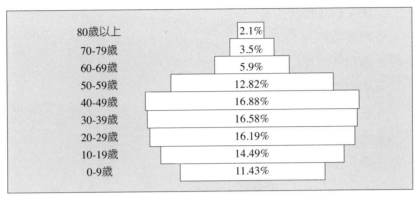

80歲以上	2.1%
70-79歲	3.5%
60-69歲	5.9%
50-59歲	12.82%
40-49歲	16.88%
30-39歲	16.58%
20-29歲	16.19%
10-19歲	14.49%
0-9歲	11.43%

圖2-5　臺灣人口結構圖

由**圖2-5**可看出：

1.臺灣人口之結構似一帆船，頭尖、底平、中堅。

2.臺灣人口以年齡組別來分，集中於20-29歲至50-59歲為最多，占總人口之62.47%，這些都屬於生產之人口。值得注意的是十年後其中之29.7%，就將先後進入接近退休人口或已退休之人口。而今日之10-19歲之人口，即十年後進入生產職場之人口，僅有14.49%，很明顯地不足以抵銷生產力之減少。

3.今日六十歲以上之成年晚期至老老年期之人口，占總人口之13.5%，到了十年以後，今日五十歲的人那時候加入老年人口之後，所占比例為24.32%（死亡率暫且不計），也就是說到了公元二一○六年，高齡人口將占總人口之四分之一，換句話說，依賴人口數量增加之速度十分快速驚人。

教育部社會教育司劉司長奕權於民國九十五年度臺灣高齡學會年會所發表之資料，顯示臺灣高齡人口對社會之衝擊，包括：

1.國家財政負荷加重。

2.經濟成長的下降。

3.商業及消費行爲改變。

4.房地產業的調整。

5.家庭結構窄化及代間增長。

6.教育重點的轉移。

7.老人相關政策的重視。

世界各國對於高齡人口之衝擊，已採取若干重要之措施，包括退休年齡由六十五歲延長至七十歲，同時加強準備退休者之在職教育，爲日後再投入職場或延退做準備。加強國民年金之實施等等，都收到相當成效，也爲我國日後因應此趨勢首要之務。

世界各國，包括我國在內，年長女性平均壽命都遠高於年長男性，此種情況使得年齡越大，鰥夫與寡婦比例愈爲懸殊。這就產生了一個很大的問題，那就是高齡女性教育水準一向偏低，謀生技能不足，平時衣食住行本就不易。老伴先行過世，寡婦所賴以維生者，大多僅靠政府之老人津貼及子女些微之孝敬，經濟上之困乏可想而知。尤其是年齡愈大，身體抵抗力愈差，疾病之可能久治而不癒之情形亦必日趨嚴重，處境堪憐，長壽反而是罪過！

其實，一般老人除非平日善於理財，頗有儲蓄之外，經濟生活優裕者，殊不多見。

表2-2　本國老人主要經濟來源

主要經濟來源	89年4月	91年7月
自己退休金或保險	15.4%	16.5%
政府救助或津貼	12.3%	14.8%
子女奉養（含媳婦女婿）	47.1%	44.1%
自己工作收入	13.7%	10.6%
自己儲蓄及投資所得	9.3%	10.3%

資料來源：行政院主計處（民國94年）。

　　根據行政院主計處民國九十四年之資料，本國老人主要經濟來源以子女奉養為主。有五成的老人認為一個月最少要兩萬元才夠用，但臺灣老人平均所得只有11,715元，22.3%老人認為錢不夠用。

第三節　老、老人與老化之新詮釋

　　心理學家所謂「老」究竟何指？一位哲學家對於「老」又有何看法？

　　事實上，一個人一出生就在老化的過程中，走出了第一步。只要是人，每一分、每一秒，細胞都在生生不息地新陳代謝著，甚至今天，早晨起床直到現在，你又老了一點，這是大自然的本質，任何人都不能倖免的。

　　每一個人都期待長壽、健康又幸福，總認為老是很遙遠的事。因此突然在鬢邊發現了一根白髮，或者眼角出現了一道皺紋，就驚惶青春之不再，感嘆歲月之無情。有人更詛咒老之將至，用各種方法，花大筆金錢，竭力地想挽回既逝的歲月，於是乎拉皮、整容，乃至濃濃的化妝、不斷地進補，結果是適得其反。

　　隨著時間的消逝，人總是會老的。只是每個人老化的步伐，有其快慢的速度，更有他對老化的看法與接受程度的不同。一味拒絕承認自己的確是青春不再，感嘆著金色年華為什麼那麼快就隨風而逝，反不如怡然自得地，以正面態度，逐漸安詳地進入人生的另一階段。

　　如果說，年輕的日子美好如旭日之東昇、晨曦萬丈；中年的歲月家庭事業皆有所成，一如日之中天；那為什麼不以更快慰的心情，笑看夕陽無限好。

　　其實，「老」絕不只是生理上的一種過分成熟之後的必然下坡的變化；你的心，只要你願意，應該總是一直年輕。誰說人老，心也要跟著老？更何況你的智慧，隨著經驗、閱歷與世故而日增；你的社會行為也隨著人情世故而爐火純青。不是說人有第二、第三春嗎？只要你願意，你還可以大有所為！羅馬時代偉大政治家西塞諾（Cicero）就曾以六十四歲高齡在元老院中大聲疾呼：「偉大的年輕將軍打下江山，現在該是我們這批老人，好好幹它一場的時候。」富蘭克林在年過八十、美國獨立革命剛勝利的時候，積極地投入制訂憲法工作，他的一句名言就是：「此刻不做，要等幾時？」

　　因此，請不要照著鏡子，因為臉上多了一條皺紋，頭上多了一根白髮，而感嘆青春之不再，老化之何其快速，卻應該在認知上，以「活到老，學到老」的精神，不斷充實自己，讓智慧的光輝洋溢在你四週。

　　「老人」一詞該如何詮釋呢？換一句話說，怎樣的人才算是老人？

　　在過去，人們的平均壽命都很短。希臘、羅馬時代，一個人很難度過二七年華。中古時代，一般人平均壽命也不過三十前後。十九世紀後半期，始達四十七歲。我國史籍很少有這方面的資料，不過從「人生七十古來稀」這一句話就可以看出，大多數古人以現今眼光來看並不能算長壽。

　　其實，「老」也是主觀的看法。唐朝韓愈在所寫〈祭十二郎文〉中說：「吾年未四十，而視茫茫，髮蒼蒼，齒牙動搖」，可以看出他自己不但上了年紀，而且還「感嘆以吾之衰老，其能久存乎？」可見當時一般人認為年過四十，即可名登老人之列。

　　但是孔子在七十三歲時卻說：「吾日廢寢忘食，不知老之將至。」可見其心目中還沒有覺得自己已經老了！

　　其實，古今中外不知老、不服老、不願老的人真不少。近代史上西德的安德諾、日本的吉田茂、英國的邱吉爾、以色列的梅爾夫人，都是在花甲之年以後，或者在戰敗後負起扭轉乾坤的重責；或者在對抗德國希特勒不可一世的侵略，終獲光輝的勝利；或者肩挑以色列復國建國的大業，都是名垂千古的風雲人物。

　　今日臺灣各界，字典內無「老」字，又為社會所熟知者為數不少，最馳名當屬臺塑董事長王永慶。當日的陳立夫先生、辜振甫先生、蔡萬霖先生都在八十歲時，仍然出色活躍在各個不同領域中。誰敢說他們是一個老得不能再老的老人？

　　梅可望先生說過，人的一生，從出生到死是可以做到永遠不老，雖然不能青春永駐，卻至少是無數人心儀的對象。

　　遺憾的是社會上有不少人年紀輕輕，卻已是人不老、心卻老。追逐名利，則意興飛揚，稍不得意，即憤世忌俗、怨天尤人，大嘆以我之才，淪落如斯，命乎？運乎？

　　年齡在不同社會階級人士中，其衰老指標也往往未盡相同。一位奧林匹克級的運動明星，在二十五歲左右，就已開始衰老；一位網壇高手，三十五歲前後，即寶刀已老。可是一位音樂家、大文豪，可能年過八十，憑其一生所累積的智慧，在音樂、文學世界中，創造出無限光芒的音樂名曲與震動舉世的文學名著。偉大的科學家、政治家或各行各業中執牛耳的巨人，也往往在七十歲以後，還在不斷地綻放成功的花朵。

　　我們的初步結論是不要看人之年齡判定其老與不老，而卻永遠要憑著一顆永不氣餒的心，讓所有的人都可以在蒙神寵召之時，含笑以終。

　　接下來談談老化的各項指標。

　　在生理學家立場，以往常將生育能力的消退，當作一個人開始老化的標誌。以女性更年期為例，通常始於五十，但男性卻可能

沒有所謂更年期。白髮可能是第二個指標，但是不少人卻是常怨白髮在三十多歲就已出現；有的人卻永遠有「不白之冤」；在感覺方面，有的人雖然白髮蒼蒼，依然「耳聰目明」，有的卻早已「視茫茫」；因此將這些生理上的信號，作為老與不老之指標，有時實在不夠客觀。

在心理學家方面，更難以某一單項之負面表現，作為劃分之指標，因為不論是記憶力或智力都存在個體之間的不同差異，而且也很可能難憑觀察或調查，進一步明瞭實際之表現。我們都已經知道智力的消退，是個體老化的前兆，但是僅憑智力測驗之結果來判斷個體是否已經老化，就可能存在很大之誤差。

在社會行為方面來看，過去是一位婦女或男士，成為人家之祖母、祖父，視之為老而有福氣，但是有的人才年過四十，就已為人祖母；有的卻年過七十，仍然等待含飴弄孫的時候。再以退休年齡視為老之開始而論，有的人早就榮退或者被迫退休，有的人卻仍然是永遠退而不休！

總而言之，究竟什麼時候人成為真正老人，實在很難說。

 ## 第四節　老化的不同階段

沒有人喜歡老之將至，但是上帝最公平的就是人都要經過生、老、病、死的歷程。

老，是誰也不能倖免的。其實，人一出生就開始老化。縱使青春年華，外表如春花，內在的細胞也已經部分死亡，部分不再成長。這自然界的法則，不論古今中外，上至帝王將相，下至凡夫俗子，都無可避免的，都得經過生之最大考驗，面對個體生物、心智

與社會行為，由盛及衰的各種挑戰。

　　所不同的是在不同地區，老化速度不同而已。熱帶人民多早熟早衰，中亞各國人民多長壽。社會中不同階級之老化速度與平均壽命，也往往出現相當明顯差異。一般都認為教育水準、社經地位與個人之成就的不同，也有明顯的影響。**圖2-6**及**圖2-7**可看出不同教育程度在語言能力與推理思考方面的差異，與認知能力老化的狀況。

　　老年學家John Rown更進一步來說：「縱然是許多研究資料都顯示，在本質上，人會隨著年齡逐步退化，但是我們還可以找到在生理上只輕微退化，甚至毫無一點退化跡象的老人。」

　　事實上，迄至二十世紀中葉之後，人的平均壽命才從四十五、六歲，延長到近八十歲，因此我們很難從過去的書籍文獻中找到具體實證，人到晚年實際上不是逼近死亡，或者身體機能之衰退，而是生命周期中的另一全新發展的階段。

　　在已往眾多有關老年學之研究，的確過於偏重個體生理與行為之退化，強調老人隨著年齡之日增，身體逐漸失去生命中各種可能損傷之修補能力。尤其是進入垂暮之年，適應環境挑戰之能力與病痛之抗爭能量，亦明顯退化，其生存機會也就自然而然地大幅減少。

　　就生理學觀點而言，老化始於個體出生之後，其過程乃一生一世之久，同時是芸芸眾生都不能倖免的。縱然不同種族之人群，或許有出現遲早之問題，實則為大家所共有之歷程。

　　Perlmutter與Hall（1992）又將老化過程分為初期、中期以及末期三大階段，每一階段各有其特色。茲擇要分述如下：

　　第一階段為老化初期。

　　在此階段中，老化有其明顯、可觀察的徵象。灰色而日漸疏薄的頭髮，慢慢出現在臉上或手掌上的有色斑點，模糊的視力與聽

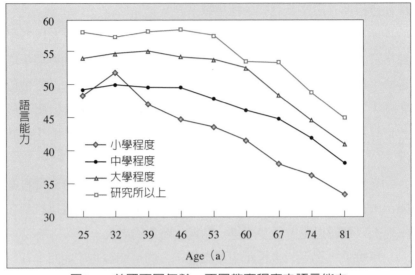

圖2-6 美國不同年齡、不同教育程度之語言能力

資料來源：Schaie & Carstensen (2006), *Social Structures, Aging, and Self-regulation in the Elderly*, p.19.

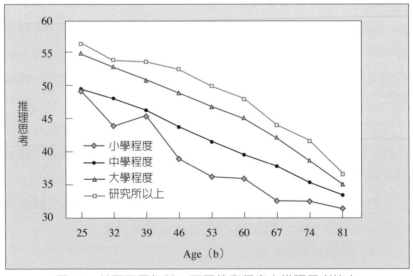

圖2-7 美國不同年齡、不同教育程度之推理思考能力

資料來源：同圖2-6。

力，以及緩慢的動作，在在顯示年華的日老。無法看出的是免疫系統的功能，以及對氣溫變化反應之遲鈍，體力之恢復需要更長的時間。

從細胞到器官，再進而到不同系統，身體所有部分均以不同速度老化中。某一個人可能在心臟血管系統方面，年輕於其實際年齡，但在排泄系統功能方面，遠超於其實際年齡。由於此不同情況，此人得心臟有關疾病機會較少，而得腎臟方面疾病之可能性較高。年齡對身體之影響，如果涉及兩個以上器官系統之合作，則尤為明顯。

第二階段為老化中期。

假如說上述老化初期是一般人正常之現象，老化中期則出現在某些個體，而且多屬可以預見的。它是長期疾病、運動不足或濫用身體所累積的後果。由於老化中期，通常與實際年齡有密切相關，而往往被認為是老化初期的延續，實際上它具有此一階段獨有的特質。

一般而論，年過六十五歲的個體之中，百分之八十均患有某一種慢性疾病，而其中百分之二十七認為體力較差。但是實際上深受疾病之苦，殊不多見，感冒及呼吸不順者較多。可見老年多病痛，當屬少數。

運動不足，甚或拒絕各種活動之參與，常常造成身體某系統功能之衰退，最明顯的是肌肉萎縮與關節之僵硬。國內名教育家梅可望博士於其所著《不老的秘訣》續訂版中，即指出每一個期望不老的人，不論男女，從年輕的時候，就要選定一種或多種自己喜愛而又為自己體力所能負擔的運動，經常去做，就可以走上健康長壽之路。

相反的，踐踏自己的身體，卻是加速老化中期來臨的第三個因素。酗酒、抽煙、過度肥胖、不擇手段的減肥與營養不均衡，都

足以加速老化的步伐。對貧苦之弱勢族群來說，營養不良更是導致個體在老年以後，身體各方面問題重重的最大殺手。據調查美國年齡在七十到八十歲之老人中，百分之六的男性與百分之五的女性，無力採購最低的營養食物；而百分之十二的八十歲以上之男性與百分之八的女性也深受營養不足之苦。

第三階段為老化末期。

老化末期指生命臨終的最後，迅速退化，導向死亡的階段。個體此時在生理健康、心智活動與社會功能各方面均顯現極大的衰退。這種衰退與變化與正常老化，有著極大的不同。

通常個體一出現上述這些衰退的現象，到離開死亡之期，為日實在不多，少則數月，多者亦不過一兩年。

以上三個階段編織了個體老化的三部曲。

英國哲學家羅素在《如何進入老年》一書中有一段話，也許可以引用為此節之結語：

> 人生在世，像一條河，起源是涓涓細泉，在狹窄的河床內緩緩地流著，偶爾被擋路的小岩石濺起細微的浪花。往後匯納百川，水量增多，河床擴大，浩浩蕩蕩。如果遇上高低懸殊的地勢，傾瀉而下，勢如萬馬奔騰。最後流入大海，汪洋萬頃，渺無際涯，個人就是如此地消失於茫茫人海中。（譯文見於朱岑樓，《黎牧文集》，頁319-320）

第五節　結語

關於何謂成人期、老人期，學者們迄今尚無法提出讓眾人皆

認同的看法。所以較容易得到協議的是人類生命長度愈來愈長，一個六十五歲的長者和一個八十五歲乃至九十歲之老人，在身心發展與個體需求上是很大不同的。

　　對許多人來說，個體在六十五歲左右，其社會角色有了巨大的轉變，而八十歲以上老年人則更需要社會對他們生理上的變化和健康上的需求投注更大的關注。

　　遺憾的是我們對生命周期與老化的問題，還缺少一些非常有系統的研究，而朝野人士除了注意若干象徵性的福利措施，還未見有任何有效的老人政策。

　　本章除了探討的這些問題之外，還提出一些具體的數字，看看美國與我國的人口結構以及所面臨之衝擊，值得大家繼續加以探討。

 進一步的問題...

一、試進一步闡述生命周期的理論。

二、試進一步澄清對老與老人的未盡正確看法。

三、老化有什麼具體的指標？

四、試描摹虛擬中的一位不健康老人的畫像。

第三章
老化現象理論探討

　　人都會老，也都會死。想想看，人如果不會老，也不會死，這世界又將變成怎樣的一個世界？地球會爆炸，人口會爆炸，還有呢？

　　本章將就老化的現象、相關的理論，以及一般人對於老化的刻板印象等有關問題作進一步的分析。

 第一節　老化的現象

　　在討論老化的現象之前，先讓我們推敲老化的意義。

　　老化是多層面的，也是整個生命的交互作用。至少它包括了：

1. 生物的老化：指我們容貌、體形和身體功能的改變。那是透過我們肉眼觀察就可以看到的。
2. 心理的老化：指個體對老化的感受。有的人未老心已衰，有的人永遠不服老。
3. 社會的老化：指個體行為是否符合其相對年齡。孔子所說「三十而立，四十而不惑，五十而知天命，六十而耳順，七十從心所欲，不逾矩」，就是指出個體在某一年段所應表現的行為。

　　在《銀髮族的全人關懷》一書中，指出人在老化過程中最常碰到的問題：

1. 少部分長者，常感到飢餓、暈眩，也容易跌倒。
2. 消化和泌尿功能變慢、食慾不振。

3.便秘問題增加。

4.肌膚開始起縐紋，肌肉會隨時間退化。

5.眼睛也會受老化影響。水晶體會失去彈性，損害其調整焦距時改變形狀的能力。此外，水晶體蛋白也會慢慢變得渾濁，引發白內障。這會讓視網膜上面的影像變得不清楚，使視覺的敏感度下降。

6.大腦神經元（神經細胞）開始減少。人到了八十歲之後，腦部的重量會減少十分之一，流到腦部的血液也會減少，儘管有這些改變，智能卻不會受到任何影響。

7.老人免疫系統的效能會隨著年齡增長而降低，較無法對抗會引起感染的微生物。壓力也會改變人體分別外來侵入者或人體本身細胞的能力，而降低免疫系統抵擋侵入細菌的能力。此外還會有活動減少、沒有效率的吞嚥、咳嗽反應功能的減弱、膀胱中的尿液無法完全淨空等現象。

孫安迪（2006）也指出上了年紀的人，體型外表衰老的現象雖不同，但是大致上有下列狀況：

1.鬚髮轉白、脫落或稀疏。

2.皮膚變白、皮下脂肪減少。

3.結締組織彈性減低，以致皮膚出現縐紋。

4.暴露在外面的皮膚（如顏面和手臂）上出現棕色斑點。

5.牙齦組織萎縮，使牙齦鬆動脫落。

6.骨骼肌萎縮影響肌力，雙手握力、拉力與扭轉力均減弱，步履緩慢。

7.有些老人由於骨質和鈣質流失，產生脊椎彎曲現象，而其他部位的鈣質沉澱，引起骨質增生及關節活動不良。

孫安迪更指出年輕的個體，在外在環境驟然變動之下，仍然很快地恢復並維持機體的穩定。然而，老年人機體的自穩作用，調節限度就很狹窄，如體溫、血糖、營養素、氣體、代謝物、細胞內外離子含量的平衡等，都只能在很小的範圍內波動才不致影響正常生命活動的進行。

同時，老人許多系統的生理功能都有下降的趨勢，如肺活量、心臟排血量、胃酸分泌等，尤為明顯。

在疾病方面，年長者可能面臨的疾病包括：

1. 慢性疾病：是一種預期會長期甚至可能永遠存在的疾病，如心臟病、聽力損失、視覺障礙、糖尿病、關節炎、中風和某些呼吸道疾病等。
2. 急性疾病：是一種持續時間有限的疾病，狀況可能輕微，也可能嚴重，常使慢性病惡化。急性病可能從瘀傷、骨折到肺炎。有些疾病會混合急性和慢性兩種症狀，都值得注意。

 第二節　生物老化的理論

人的壽命雖然延長，能活到一百多歲以上仍屬少數。老化是一個不可能避免卻充滿神秘的過程。現代科學家就提出許多理論解釋老化。

多年來，科學家所特別注意的是怎樣的一個生物過程，使我們老化，又是什麼因素影響了這一個過程。Hayflick（2002）認為我們所需要探討的是，究竟老化是按照人體預定的計畫，或者是基於偶發的一些事件。由於不同學者在這一方面研究角度與研究方法

的有別，因此衍生了許多不同的學說。謹摘要分述如下：

一、Hayflick的基因論

Hayflick在實驗室中培植正常細胞生長，以觀察其無限分裂，提出了細胞的典型運作過程是成長、分裂、數量的不斷增加，到達某一個時候就死亡。他認為個體到了中年以後，細胞慢慢地喪失運作的功能，停止分裂而死亡。細胞的成長、分裂與死亡，確與個體之年齡有關。

跟隨著Hayflick研究的學者，繼而研究細胞核中的染色體。在染色體頂尖的部分，包含了DNA。有趣的是每次細胞分裂時，新舊細胞之大小依然不變，在新的染色體中就看不到頂尖的部分，似乎是因為在細胞分裂過程中已經全身而退。

他們接著發現細胞之中有一些是並不萎縮其頂尖部分，這些細胞並不死亡反而成為癌細胞，產生了一種化學酵素，讓那些還沒有死亡而只是萎縮的染色體產生了另一個細胞。

Hayflick的研究打開了癌細胞不斷成長的神秘一面，是應該加以肯定的。但是他的論點也受到質疑：在實驗室中實驗的結果，是否能推論到人體上？因此有待更多科學家投入，作進一步的研究。

二、賀爾蒙生理時鐘論

自十九世紀末期，不少科學家開始研究賀爾蒙對於人體是否能改進年老的現象，或者可以延長個體的壽命。結果發現賀爾蒙確有生理時鐘的功效。諸如，人體在什麼時候成熟，女性在什麼時候進入更年期，都有它們的時間表。因而，推論內分泌系統產生了賀爾蒙，而賀爾蒙決定了生理的時鐘。

　　他們進一步懷疑，在人們腦部的神經原，負責老化的任務。腦部之中的某一部分，指揮著內分泌活動，形成了神經原內分泌的聯結。不過迄今還沒有一個實證，足以有效地證明其中的關聯。

三、免疫系統失調

　　這一派學者以為在某種特殊情況下，免疫系統失去其正常運作功能。整個系統逐漸失效，導致無法抗拒感染及全身無力的狀況。研究者發現腦部某一部位，會控制免疫系統的功能，並且透過內分泌系統，支配了免疫系統的正常運作，促進了個體老化的速度。

四、耗損論

　　這一派學者主張個體日常生活如有不規則，就會逐漸傷害生理上的某一個系統。當這種傷害不斷累積之後，個體的生理時鐘自然慢慢停擺，出現了常常疲憊的感覺、全身乏力的現象。

五、過分卡路里的影響

　　這一派學者認為個體如果吸收過量的卡路里，將因為其產生的副產品，干擾了正常細胞的功能。過量的卡路里導致個體細胞間生物化學的異常作用，傷害了細胞的活動。相反地，從實驗室的觀察，抑制低等動物（如老鼠）的卡路里，將延長了牠們的生命。

六、基因突變說

這一派學者認為生命全程中，基因突變發生在細胞之內，大部分的變化，減弱了細胞的功能。持續的變化會使身體衰弱以致死亡。

七、游離根理論

游離根是一種不穩定的化學成分，在細胞內快速自我繁殖，破壞染色體，損害器官功能，造成老化。

第三節　刻板印象與偏差觀念

人生自古誰無死，可是人卻怕死，尤其是老年人。也因為怕死，於是乎跟死最接近一個字——老，也就不太受到歡迎。

我國一向是禮義孝悌之邦，「老吾老，以及人之老」更是古之名訓。可是，很矛盾的是對「老」這一個字，總是在刻板印象中加上一些負面的詞彙，譬如：「老弱、老病、老殘、老朽」。罵人最毒的話是「那個老不死的」，諷刺的話是「人老心不老」，憐憫的話是「老大徒傷悲」。

就算是一些安慰的話，還是有點青澀的，譬如：「老當益壯」、「寶刀未老」、「老人當自強」、「你還未老呀」，以及大家最熟悉的一句話：「夕陽無限好，只是近黃昏」。

有趣的是近代西方社會中，一般青年人以及大部分的壯年人，在功利主義、未盡正確的價值觀念作祟下，對老年人的評價，

往往是負面多，正面少。

Hummert等人（1994）曾針對老人認知、人格與生理健康等特質，設計了一份相當詳盡的問卷，邀請數以千計的大學生，分別就其長期對早期老年、老年及老老年的人群（其中有金色年華的祖父母輩、一般祖父母輩的長者、相當保守已退休的人士、老態完全畢露、高度沮喪、明顯退縮，以及獨居遁世老人）的觀察，列舉他們對這七種長者在心智、情緒與社會行為各方面表現的評價。綜合整理以後，發現每一人群之中的長者，似乎都有正負面的大眾對他們的看法。謹列表如**表3-1**，以供參考。

表3-1所提出幾點都是負面的人家對他們的看法，可喜的是長者之中，不乏令人喜歡接近的特質（**表3-2**）。但是在金色年華的祖父母輩與一般祖父母輩之中，還是有些不同。

表3-1　大學生對不同人群老者的具體看法（負面的）

人群組別	行為特質
老態完全畢露	思想遲鈍
	各方面能力均嫌不足
	衰弱多病
	語無倫次
	反應前後不一致
	老態畢露
	完全依賴他人
	需要長期照料
	姿態不雅
	不能表達自己
高度沮喪者	經常憂形於色
	愁煩，但說不出原因
	對一切都感到徹底失望
	高度恐懼感
	老是心不在焉
	孤獨
	拒絕他人之關心

（續）表3-1 大學生對不同人群老者的具體看法（負面的）

明顯退縮者	脾氣非常不好
	極度的自私
	不喜歡與人相處
	不善表達自己
	經常埋怨一切人、事、物
	表情常常痛苦
	妒忌心切
	偏見與盲目的固執
	做事毫無彈性
	老是覺得全身病痛
	對一切都表示不滿
獨居遁世者	拒絕與他人來往
	極度沉默
	對外在人、事、物都不感興趣
	就算病痛也不肯求助
	完全隱藏自己
	一天到晚神色恍惚
	非常膽怯
	有時表情完全天真

表3-2 大學生對不同人群老者的具體看法（正面的）

金色年華的祖父母輩	活潑、生機盎然
	反應敏捷
	好社交
	喜樂往往形之於色
	對子女、孫子女表示高度喜愛
	對很多事物都表示高度興趣
	健康
	高度的自信
	以家人為傲
	對未來充滿信心
	常常參與社會活動
	做任何事都很積極
	非常令人喜歡
	經濟情況良好

（續）表3-2　大學生對不同人群老者的具體看法（正面的）

	仁慈
	家庭為中心
	慷慨
	樂於助人
一般祖父母輩的長者	令人信賴的
	明白事理
	聰明
	常常表示感恩的心情
	在知己知彼方面下了一些功夫
	不恥下問，好學
	對社會行為很少參與
	喜樂完全不形於色
相當保守的長者	情緒反應往往兩極化
	宗教熱忱
	常常談起往事
	以自己一切為傲

資料來源：Janet K. Belsky(1994), *The Psychology of Aging*, p.172.

附註：

一、問卷採取虛擬情景的設計，請761位大學生，就其所認為
某一情景中的長者所可能的表現，表示他們看法。

譬如：如果你應邀到某些安養機構，進行訪問參觀，你
認為這些老人所可能表現的特質，在老態完全畢露、高
度沮喪、明顯退縮，以及獨居遁世的四類中老人，分別
是：_____

又譬如：如果你應邀到某一高級住宅區，進行訪問參
觀，在你所可能想像中的這些老者，他們的特質是：

_____

再譬如：如果你應邀到某一般社區及退休之勞工之家，
進行訪問參觀，你所可能想像中的這些長者的特質是：

_____

二、此一問卷的設計研究對象，不分年齡、性別等因素。

三、研究結果顯示這些大學生對於虛擬情景中，不同人群的
　　特質，大都是其所能想像中的刻板印象，印證了我們對
　　人、對事都可能存在有某些先入之見。

　　在諸多針對一般長者之行為特質所作長期追蹤研究而提出一
些研究理論之中，影響相當長久，實際上是有著未盡正確者，首推
脫離理論（disengagement）。學者Cumming與Henry認為年長者到
某一年齡之後，即明顯地出現其逐漸脫離人群、脫離社會的現象。
他們認為老人往往基於現實的考量與價值體系的動搖，慢慢地脫離
原先在社會中所扮演的角色與羈絆，很少樂於參與各種社會活動，
以求適應老年的新考驗，自處自立地度過晚年（Barash, 1983）。

　　脫離理論對於六、七十年代的社會政策的制訂，有著極大的
影響。因為當時一般社會人士接受了此一理論，乃決定所興建的老
人公寓應遠離市區，以求老人不受都市吵雜的干擾，同時老人之家
也多採取了自閉式的經營狀態。

　　實際上，許多芝加哥的老年學家發現，隨著年齡增長，社會
活動之參與益形重要，而社會活動量與生活滿意程度之間，有很強
的正相關。他們並且以為運用個人的認知能力，積極地參與宗教性
或政治性活動，顯然是長壽及活力型老化的關鍵因素。

　　對老年問題未盡正確的看法，另一點是人一旦開始老化，許
多能力也會隨之衰退，心理和生理的功能也將明顯地逐步衰化。

　　的確，人一過了六十歲，繁殖期是由緩慢而停止而終結，不
過在其他身體功能和生理過程——聽力或眼力、肌肉張力或協調能
力、消化、心肺功能，卻不必然一致或循序漸進，而是會因所處環
境、社會變遷、個人的生活方式和意志力，展現了明顯的個別差
異。

　　但是，根據美國國家心理衛生研究所的研究，雖然個體在五、六十歲前後，智力、運用智力的技巧以及記憶、學習能力，確有一時退的現象，卻在六、七十歲前後出現衰退現象不但消失，而且還有某一程度的改進狀況。

　　同樣的，由Alvar Savanborg和他的同僚，針對瑞典一擁有人口一百萬工業都市所抽樣調查六十歲以上，前後達十五年之久的研究，其主要發現是：

1.七十歲前後，並未測得任何明顯衰退現象。
2.八十歲前後，除機械性的背誦速度確不如從前之外，其他認知能力並無顯著改變。甚至在語文、推理能力、空間能力的記憶測試上，較在七十歲時之測試為優。

　　他們的結論是近幾年的社會變遷與主客觀因素，確實改變了老人的老化過程。

　　最後一點偏差的觀念是老人所要走的路，就是安享晚年，迎向死亡。老就是無用！經常多病更是難免！

　　實際上，正確、真實而積極認同自己的老化，也不否認年紀的變化，認為老還是可以有所作為，至少可以活得快樂一點。

　　在美國國家心理衛生研究院的研究中發現，即使一個人已出現器官衰退的跡象，只要踏實地檢視自己的老化過程，仍能透過日常活動的加強，人際關係的擴大與醫護常識的研究與實行，還是可以在某種程度下，克服、修補衰退所造成的諸多問題。

　　他們更發現即使高齡已超過八十多歲，或多或少不得不承認自己的視力與聽力的問題，甚或時時感覺到身體不適，出現了大小便失禁、身體輕微顫動的現象，他們還是坦然面對這些退化加速的徵兆，沒有任何無助感與焦慮、沮喪，相反的，還是以充沛的活力，調適自己，在生活環境中，保持平靜而喜樂的心，自我鞭策

地，努力迎向未來前程，達到了Erickson所說老年期的任務就是圓融整合。

 # 第四節　五種老人的畫像

　　老化可分爲三階段，普天之下進入老化期中之億萬老人，心理學家與社會學家又往往依其人格特質、待人接物之道，分爲下列五大類型：

一、成熟型（**The Mature**）

　　屬於此一類型之老人，大多長於知己知彼，修養亦臻於爐火純青，因此待人不亢不卑、處世不慍不火，明世故、通人情，愛惜羽毛，更珍視友伴，對家庭更有強烈的責任感，對晚年一切，頗能怡然自得。他們大多擁有多方面之興趣，靜觀萬物與四時佳興，能自我欣賞，亦能廣邀知己，把酒品茗，其樂陶陶。他們大多清心寡慾，所求不多，因而得失之間，不自我綑綁。

　　他們大多不好高，不騖遠，更有容人的雅量，因此不論任何時候，心情是輕鬆的，態度是和緩的，更不會因些微事故，陷入憂慮和神傷之暗夜中。因此感覺到歲月雖無情，倏爾年邁，卻無懼於來日之無多，反而順其自然，泰然接受浮生日日間之情趣。

　　此等老人應爲第一等之老人，應無疑義。

二、搖椅型（The Rocking-chair Man）

這一類老人，大多被動倚賴，胸無大志，又昧於自知，無論在物質上和情緒上，都是依賴別人的支持，似乎永遠未曾在工作或生活上，獲得任何快樂或滿足，平生如是，晚年更覺得人生幾何，何自苦之乃爾。

參照佛洛伊德（Freud）之理論，此一類型之老人大多屬於口慾型，其情緒需要，往往直接表現於口腹之慾，好酒貪杯爲數頗多。

此一類型之老人的主要心理特徵，表現明顯的依賴、衝動與無節制。另一特徵是消極不振作，凡事缺乏主見與定力，稍有挫折即惶惶然不可終日，對工作沒有興趣，對人抱著有求於人時，儘量脅肩諂笑；無事時則力求獨善其身，尤其不喜歡參加社團、或積極追求友誼。

一般人怕老，他們卻欣然接受晚年之清閒與清貧，認爲桑榆暮景才眞正是自己的生活。

親愛讀者，請問你可喜歡他們此一等人？

三、裝甲型（The Armoured）

此一類型之老人之所以名爲裝甲者，乃基於其發展的自衛體系。他們大多剛強堅毅、挺立不屈、一身傲骨。爲人處世，中規中矩，思想刻板，嚴以律己，極不願有求於人。他們一生工作，力求安定，長於財務規劃，以便安享晚年。因此垂暮之年，生活無慮、自立更生之餘，尚能接濟子孫不時之需。

此一類型之老人，傾向於高度控制自我，喜歡從活動中，工作忙碌時，覓取快樂，忘卻老之將至。他們是最不喜歡退休之一

群。就算已屬於自由自在之身，還是把所有時間，作多方之安排，因為他們是實在閒不下來啊！

　　對此型老人，又有如何評價？

四、憤世嫉俗型（The Angry Man）

　　對不能忍受挫折，又不知如何自我調適之老人的另一種自我防衛型態，可能就是憤世嫉俗者。

　　此一類型老人由於自身學劍學書兩無成，往往在任何時候，在任何情境都表示盲目地排斥他人，以攻擊來防衛自己。整天裏心懷不滿，總認為別人都占他們的便宜，有機會就把滿肚子怨氣出在別人頭上。

　　凡是可疑或不確定的情況，他們概不接受。由於所學不多，又不願多從工作中擷取更多經驗，因此對問題不求甚解，對任何需要多所思考之情境，更退避三舍。因此在職場上自難遷升，在人際關係上尤多失敗紀錄。

　　更可怕的是他們剛愎自用、固執偏激，以致婚姻大多不易美滿，朋友、同僚多採敬鬼神而遠之的態度，使得處處事事，都陷於孤立，只好故步自封，退守於自我棄絕之小天地中，其晚景之淒涼，自屬難免。

　　你，可曾見過這樣的一個老人？

五、自怨自艾型（The Self-haters）

　　此一類型老人所攻擊的對象，不是針對別人，而是針對自己，總覺得處處事事只有挫折與失敗，樣樣都不如別人，什麼事情也都遠落人後，不想振作，爭取可能成功的機會，凡事都抱著就是

拼了也不會贏，反正我就是這個料子！甚至懷疑自己活了這大半輩子都這樣辛苦，以後的日子只有更壞、更可怕，有時反而認為死亡是一種解脫！

哀莫大於心死！他們之中不少患有某種程度的憂鬱症，甚至時有輕生命之念，言之令人扼腕。

你想該如何協助他們？

第五節　結語

有人說，人類從母體來到這世界來，就開始了逐漸衰老。腦細胞數慢慢減少，生命的活力過了中年也不斷地由極盛而下滑，可是究竟老化現象的具體出現，開始在什麼時候？很多人在髮蒼蒼、視茫茫以後還是非常強壯，孔老夫子年屆七十有三，還在說不知老之將至。

本章先就老化的現象，具體而微地詳加分析，繼而探討若干生物性的老化理論，至於所以未曾列舉老化之社會理論，應該是它是屬於老人社會學的領域，又因篇幅有限，未加列述，僅作簡短介紹。

本章繼而介紹目前一般對老化之刻板印象與偏差觀念，期望從正面來澄清若干對老化的未盡正確看法，茲列陳一些問卷所得資料，以供參考。

最後介紹老人的五種類型：成熟型、搖椅型、裝甲型、憤世嫉俗型以及自怨自艾型，都是我們日常可能見過的，也請參考。

進一步的問題...

一、試略述你對老化的一般看法。

二、在本章所提出幾種生物性老化理論中，你最贊同的是那一個理論？為什麼？

三、你認為對老人最偏差的看法是什麼？

四、在老人五種類型中，你最贊同的類型是什麼？

第四章

老人的健康世界

感謝近幾十年以來醫學的發達、衛生的改善以及國人對於運動的注意，平均壽命均普遍提高。過去是人生七十古來稀，現在是八十年華滿街走，九十不稀奇，百歲猶可期。但是，命是活得愈來愈長，可是卻滿身病痛，整日為病魔所綑綁，長年在病榻纏綿，不但是個人長夜的夢魘，而且也是一家擺脫不了的惡夢，更將帶給社會長遠而痛苦的負擔。根據我國健保單位二〇〇三年的統計，健保費用花在老年人身上的費用，占了整體的百分之六十九，就可以看出問題的嚴重性。

多希望長者長壽健康又快樂，因此本章將就老人的健康問題作深入討論。

第一節　健康的三個層面

健康不是指著一個人沒有病而已，而應該有更具體的指標。

首先，我們要強調的是觀察同一年齡個體的健康狀況，就會發現其中極大的個別差異。一位年登七十五的長者，因為平時營養得宜、注意運動，因此在各方面還顯得生龍活虎，一點看不出歲月流動的痕跡。可是，一位年剛過四十五歲的成年中期人士，因為久病纏身，又好酌酒抽煙，整日一臉愁容，望之不似中年。

進一步而言，同一個體各系統的功能，在老化過程中的速度也有很大的差異。一位長者可能七老八十，還是耳聰目明，可是他心臟的功能卻可能遠低於同年齡的朋友。

不過，儘管個體與個體之間有著某種程度的差異，但整體而言，在日趨老化的群體中，卻不難發現一些生理逐漸失去健康的共同訊號。譬如說視茫茫與髮蒼蒼，似乎是一般上了年紀老人的普通

標誌。

　　不少老年人新陳代謝作用的功能失常，也會導致他們血糖攀高。心臟的運作、腎臟的功能，也大多數隨著年齡的增長而衰退。感染、動了小手術、情緒上的不穩定、極端的冷和熱、暴飲暴食、非常不規律的生活節奏，都可能嚴重地干擾個體各種不同系統的正常運作。可是，上述的這些情境如果發生在一位年輕人的身上，機體的功能顯然不會受到如此大的影響。

　　其實，我們是可以列舉一些數字，顯示個體健康的情形。譬如說，體溫經常保持在37℃左右，高低血壓視其年齡也有其一定標準，乃至血糖的多少、白血球數目的多寡都有其數值，作爲衡量其健康的情形。遠超過這些標準，自然就顯示了健康狀況的警訊。

　　再退而言，一位老年人如果不曾受某種慢性疾病長期的綑綁，或者只是輕微的情況，而且很快地逐漸好轉，我們也許還可以將之列爲健康狀況沒有什麼問題的一群。

表4-1　美國男女老人各種慢性病症的出現率

病症	男性（‰）	女性（‰）	共計（‰）
關節炎	287.0	450.1	380.3
氣喘	42.3	31.1	35.8
慢性氣管炎	47.3	36.6	41.2
糖尿病	60.3	91.3	78.5
疝氣、腹腔炎	80.9	42.2	58.8
心臟病	199.3	198.5	198.7
腸胃炎	38.4	22.0	29.0
脊椎炎	54.6	76.3	67.1
重聽	338.2	262.1	294.3
弱視	183.1	220.4	204.6

附註：1.本表數字指每一千個人中出現之人數。
　　　2.上表以65歲以上老人爲調查對象。
資料出處：J. K. Belsky(1994), *The Psychology of Aging*, p.48.

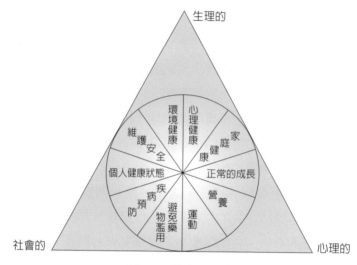

圖4-1　健康三角圖

資料來源：Meeks-Mitchell(1987), *Health,* p.6.

　　實際上，個人的健康並不限於生理的層面，心理健康與良好的社會行為，也是一個人所必須追求的。

　　要促進生活的美滿，一個健康的老人應該特別注意的是**圖4-1**所提示的各個層面：

　　1.心理要健康。

　　2.家庭要健康。

　　3.正常的成長。

　　4.足夠的營養。

　　5.適當的運動。

　　6.避免濫用藥物。

　　7.多注意疾病的預防。

　　8.隨時注意個體的健康狀態。

　　9.對自己安全要密切注意。

10.注意環境的健康。

同時，我們可以預見：

1.透過心理健康的增進，可以消除緊張、焦慮並謀求生活品質
　的提升。
2.透過正常的成長概念，瞭解老化的過程，有助於適應老年生
　活的平衡。
3.透過足夠的營養，強化身體的功能，控制體重，有助於生理
　的健康。
4.預防重於治療，瞭解各種慢性甚至急性疾病的各種知識，將
　對於健康的維護大有幫助。

總而言之，個體的健康需要多方面的努力維護。
也許，我們可以為一個心理、生理、社會行為均健全的老
人，彩繪一個畫像：

1.在生理上，他的器官、系統都在健全地運作著，不論年齡的
　多寡。他並不是不會生病，而是很快地康復。
2.在心理上，他是自我悅納的。知道越老，就要越知足常樂，
　而且從幫助別人、回饋社會得到最大喜樂。
3.在社會行為上，他不從眾，也不獨立孤行，而是在各種不同
　情境中，表現自我。同時，深交一些志同道合的朋友，分享
　生活中的樂趣。

第二節 老人感官功能與行為

為什麼老人會老眼昏花、反應遲鈍，耳不聰、眼不明？人們複雜技巧的能力與生活生存的必備條件，是透過眼睛、耳朵、皮膚與肌肉所接受各種資訊的統整而呈現。

我們一天裏從四面八方接受了數以萬計的刺激，有些刺激引發了立即的反應，而且印象深刻；有些刺激則如輕風拂過，水過無痕；有些刺激則給了一些負面的反應，或者讓你嗤之以鼻，或者讓你怒目以對，可是這些不愉快的刺激，反而留給你很長的痛苦回憶。為什麼？

這些說明了刺激本身有它的強度與深度，個體也有其反應的強度與深度，經過了不斷的統整與互動，引發了我們的知覺而反映在言行舉止，思維意念之中。

一般而言，所謂感覺、感官的敏銳度與感覺過程因人而異，有的人敏捷，有的人遲鈍。但是具體來說，我們都隨時隨地在覺知外在的聲音、光明與黑暗、味道、觸摸的感覺乃至各種的震動。當這些來自外在的、複雜的刺激，多方面迎面而來，你的神經系統，就將之統整、過濾、擷取其中重要的予以保留，而排斥了那些不重要或無意義的刺激，這樣的過程，我們稱之為知覺。

每一個感覺器官都有它自己的閾限或覺閾（threshold）。所謂閾限或覺閾，按《張氏心理學大辭典》的解釋：它乃指引起個體感覺經驗所需的最低限度的刺激強度。低於此一強度時，感覺經驗即無從產生，譬如說，聲音太低，你就無法聽見。從生理學的觀點而言，引起神經衝動而產生感覺的最低刺激程度，稱為感覺閾限

（absolute threshold）。

　　閾限的另一意義是比較兩種刺激之間的差異，如兩刺激的強度之間的差異恰能使人辨別時，其差異值稱爲差異閾限（different threshold）。以測量視覺來說，所測量之物的光度，絕對不能比其周圍的光線來得強；再譬如在比較吵雜的地方，你根本無從測量一個人聽覺的眞正能力。差異閾限說明了當我們希望老年人在接受到刺激有更好的反應時，就必須加強閾限的強度。這就是對老人講話，聲音要提高一些，人也要靠近一些；要老人家看些什麼，光度要比對一般人高一些的理由。

　　可是閾限也有它的極限，對聽力已完全嚴重損傷，你再提高一些音量，恐怕也無濟於事，那就需要仰賴助聽器。對視力而言，就需要調整眼鏡的度數，才能達到某些標準。

　　同時，隨著年齡的增加，感覺閾限與差異閾限的些微變化，都會造成個人刺激與反應之間的聯結。尤其是，老年人有時會出現眼既不目明、耳也幾乎失聰，乃至味覺、嗅覺、觸覺會全面衰退的狀況。

　　年過七十，很多老年人都有某種程度的弱視與重聽的問題。研究實驗證明，七十多歲以上的年老人，幾乎百分之二十五都有聽力與視力明顯退步旳情況，而且除了少數之外，年齡越大，嚴重性越明顯。全身癱瘓的老年人也大多出現在七、八十歲以後。至於手指、腳趾機能的衰退，也是越年老越明顯。

第三節　老人的健康與營養保健

　　老人對於營養的攝取與吸收能力都在隨年長而下降，首先，

他們的唾腺無法分泌充足唾液來消化糖類食物，牙齒也減少而無法充分咬碎食物，胃酸的分泌減少，腸胃吸收功能變差，而這一切都會使年長者無法如年輕時正常地消化與吸收食物。因此，食物的內容除了在營養上必須均衡充足，在形態上也必須以易消化爲原則，甚至必須添加一些幫助消化的天然酵素產品來輔助。

另一方面，我們身體的基礎代謝率（basic metabolic rate, BMR）在二十歲之後每增加十歲就下降約2%，這表示，如果沒有增加運動量，我們隨年紀增長得到肥胖的機會就會越來越高。所以，老人除了要注意養成運動的習慣，也要控制飲食的卡路里攝取，以免肥胖和它帶來的慢性病之發生。

除此之外，老人有那些要特別注意的疾病，又應該如何預防？

一、甲狀腺功能低下

甲狀腺功能下降也是老年人的BMR（基礎代謝率）逐漸下降的主因之一。但是通常它不易被發覺，只是一些輕微的症候，最有效準確的方法就是每年定期進行身體中的血清檢查，與醫師充分討論最近是否有身體的異常。

二、糖尿病

另一個老人健康的危險殺手就是糖尿病，當我們年齡逐漸增長，我們身體的胰島素就會越來分泌越多，這是因爲我們的胰島素受體變得越來越不敏感，所以身體爲了達到正常的糖類代謝就不知不覺中必須要分泌更多的胰島素來維持正常血糖，最後終於導致type II diabetes，又稱爲NIDDM（非胰島素依賴型糖尿病）。通常

飲食中含大量糖類的人比較容易得此病。美國研究發現，如果在飲食中含較高的鉻（chromium），則可以防止此病的發生，並建議每日至少攝取200 mcg的鉻。

　　日常飲食中的熱量應該分散到其它的蛋白質與脂肪上，不要太依賴糖類，可以減少糖尿病的發生。

三、自由基與抗氧化物

　　自由基與慢性病和癌症的發生有極密切的關聯，某些學者甚至激烈地主張自由基是所有老化之禍首，應該儘可能地消滅它，不管如何，我們身體原本的機制就有消滅自由基的功能，只是隨著老化而慢慢變得不管用。因此，老人應該比一般年輕人補充更多的抗氧化物，一般的蔬果中就含有許多抗氧化維生素，最常見的就是維生素C、維生素E與β胡蘿蔔素（beta-carotene），我們主張應該更積極地進一步服用抗氧化補充劑，或是多種綜合維生素，來修補身體中的自由基，每日200-500 mg的維生素C與100-400 I.U.的維生素E可提供最基本的保護。如果要更積極地補充，可由一些最新發現的天然成分如葡萄子OPC、松樹皮，與綠茶萃取物中獲得，服用這些補充劑前最好與專業人員先行溝通，瞭解是否有這方面的需要。

四、骨質疏鬆症

　　這幾乎是老人最容易發生的通病，尤其是女性更容易在停經期左右的年齡開始發生，當然，男性也不例外。預防之道只有年輕時多多補鈣保骨本，可由多種食物中獲得鈣或再以鈣片補充，最好每日能夠補充1000 mg以上的鈣質，女性懷孕更要增加劑量，此外，要多多到戶外運動，並且注意鈣片是否添加維生素D。

五、白內障

研究發現，老年人的白內障幾乎都是在某種程度上缺乏抗氧化維生素，尤其是 β 胡蘿葡素有關，由於眼睛長期接受紫外線的傷害，如果沒有抗氧化物的修補，長期就容易演變成白內障，所以補充含有 β 胡蘿葡素與維生素C、維生素 E的抗氧化物之食物，可以預防此疾病。

六、退化性關節炎

由於長期的鈣質與直軟骨組織流失，造成了關節受到壓迫而發生疼痛，過去曾被認為是年老不可避免之疾，也只能用NSAID系的止痛藥來止痛，但是近年來的許多健康食品已經可以用來補充這些流失的軟骨與鈣質，在美國的藥局很容易買到Glucosamine與鯊魚軟骨（shark cartilage）或是小牛軟骨（bovin cartilage）所製成的膠囊，對於這一類疾病頗有成效。

七、失智與老年癡呆症

似乎年華老去除了外表與臉上的蒼老以外，最明顯的就是智力的減退與老年癡呆的發生，尤其是老年癡呆症，不知一年奪去多少幸福的家庭與老人的生命。雖然有許多研究發現癡呆症與遺傳、環境、教育，甚至於細菌病毒感染有關，但是目前似乎仍然無藥可救。

就如癌症一樣，癡呆症證明可以由飲食與生活習慣來預防，有許多種治療或預防老年癡呆症的健康食品在國外被消費者用來增

進智力、認知力或是記憶力，已經有許多醫學臨床上的研究證實有各種程度上的功效，簡單說明如下：

1. Phosphatidylserine（腦磷脂）：這是一種腦細胞的組成物，也被用於增進腦細胞間的訊息傳導，在臨床上，被發現有增進記憶力、學習認知力與注意力的功能。

2. Acetyl-L-Carnitine（乙醯L-肉鹼）：許多老化的現象是由於細胞內的粒腺體長期受到自由基侵害而減少，因此無法提供細胞呼吸與產生足夠的能量，細胞因而死亡。acetyl-L-carnitine 含有L-carnitine，可以擔任細胞呼吸中脂肪酸進入粒腺體（mitochondria）的交通工具（shuttle carrier），並且可分解產生acetyl-CoA，這是一種神經細胞的傳導物質，因此，它不但提供腦細胞足夠的能量，還提供acetyl-CoA，可以活化腦細胞的訊息傳導，因此，許多臨床研究均發現它能預防治療癡呆症，並增進學習力與記憶力。

3. Ginkgo Biloba（銀杏）：銀杏葉的萃取物早已被認為具有增進腦部血流、增加腦部細胞功能的神奇抗老功效，在許多國家甚至摘錄在藥典中而成為處方藥，有關銀杏的功效已被世界肯定。

八、免疫力下降

免疫力隨年齡下降導致了老年人對於疾病的抵抗力變弱，因此較容易被細菌與病毒侵害，許多研究發現經常運動與均衡飲食可以減緩這種老化所致的免疫功能下降，而服用抗氧化維生素如維生素E、維生素C也可以增強免疫力，是最容易且安全廉價的營養補充品。此外，有許多天然藥草可以提高免疫力，但是通常價格較

高，且服用前應先向專業人員諮詢，以免發生藥物副作用，這類藥草如人蔘、苜蓿等……應隨個人需要來服用。

　　總之，老人的生理與代謝與一般年輕人不同，在營養的補充上除了要重視全面的均衡，也要由生活的作息上來調養，充足規律的運動，補充足量的抗氧化物質與注意免疫、關節、鈣質、糖類各方面的疾病與營養。預防老年癡呆，最重要的是，要擁有一顆快樂年輕的心，就可以安享快樂的退休生活之趣。

 ## 第四節　老人的養生之道

　　正如梅可望先生所說，我們無法長生，但懂得養生之道，卻的確可以不老，換一句話說，至少可以延緩老化。謹提出下列幾點建議，與銀髮族朋友共勉：

一、心安理得的承認自己是老了

　　與其辛辛苦苦地進補、美白，為什麼不坦然面對老之將至？至少做到人老心不老。別讓縐紋也湧上心頭，老人就少了許多的懊惱與無奈。

二、要有一個生活的目標、生命的方向

　　《大學》一書首章〈大學之道〉即闡明：「知止而後有定，定而後能靜，靜而後能安，安而後能慮，慮而後能得。」意思就是

說，當你有一個目標，心理就比較踏實，比較安定，考慮周詳，自有一定之收獲。如果老人希望繼續充實自己，入社區大學、老人大學是一個方向；詳盡地擬訂在家學習計畫，切實遵行，也是一個方向。有了方向，奔跑自有一定軌道，每天都有些收獲，生命自然比較覺得充實。

三、要有一顆永遠喜樂的心

《聖經》上說：「喜樂之心，乃是良藥。」老而不安的人比老而安的人，死亡率高一點五倍。《聯合報》九十五年十二月三十一日第六版，就轉載國家衛生政策研究員許志成在國衛院舉辦的研討會發表「老年人自覺健康與死亡率的關係及其性別差異」的研究報告，他從九十年起追蹤四年，以隨機抽樣抽取全台灣一千八百五十名六十五歲以上老人做研究對象，請老人回答有關身體、心理健康等八個項目的三十六個問題。

許志成分析，總體而言，在八個測量的項目上，自覺心理與身體較健康的老人於研究追蹤的四年期間，死亡率比自覺心理與身體不快樂的老人來得低，這種關聯性在男性老人身上表現得比女性老人更顯著。

《聯合報》九十五年十二月三十一日的專刊也指出佛光山都監院長慧傳法師的看法，快樂是心中常保持一種愉快的感覺，沒有煩惱，在想法上「轉念」、「放下」、「知足」。世人常碰到外在的名利、財勢的誘惑，他表示「放下」是最好的不二法門。星雲大師也曾說過，「放下自在」，就是要人放下榮辱、得失、名利、慾望等等。

台北市生命線協會總幹事朱開玉也表示，快樂其實唾手可得，穩定的家庭與人際關係，會讓人快樂指數高，覺得有人關心，

有被需要的感覺，自然覺得快樂。

英國倫敦大學心理生物學教授Andrew Stito（2006）研究了兩百多位年齡在四十五歲到六十九歲之間的男女，發現了快樂的心情與身體健康之間，確定有些彼此牽連的「生物學途徑」。

Stito還指出，情緒低落，體內「血漿纖維蛋白原」含量會上升，罹患心臟病機率可能增加，但是心情愉快的人就顯然比較低。

四、要有正面的思考

凡事都以平常心、不忮不求的心來面對，容易情緒穩定，相反地，心慌則易亂，什麼事都先抱著負面的態度、消極的看法來面對，不但於事無補，而且錯過了先機。卡內基美隆大學教授薛爾頓・科罕指出，情緒正面積極的人比較不容易感冒，就算受了感染，也比較不容易出現感冒症狀。

五、定期健康檢查

每年應該至少兩次檢查血糖、尿酸、膽固醇、三酸甘油脂的高低。如果有什麼異常狀況，請馬上接受醫生的建議，在食物的質與量上，作必要的調整。要知道防微杜漸，有效的預防，勝過事後的治療。更請不要諱疾忌醫，以免貽誤了醫治的最好的時機。

美國醫學會期刊一份近期的報告指出，多數六十歲以上的老年人的視力上的障礙，如果早作檢查，及早透過光學鏡片的矯正，可以獲得很大的改善。

六、注意食物的均衡

　　老年人由於味覺漸漸失去正常的功能，比較喜歡鹹、辣一點的食物，對於血壓本來就偏高的老人，是很不好的情況。少數老年人嘴饞，本來有點糖尿病，卻偏喜歡甜食；體重本來就有點偏重，還喜歡偷吃肥肉，都是很忌諱的情況。

　　儘量多攝取新鮮蔬果，蔬果中富含維生素B群、抗氧化維生素（如維生素C、E，β胡蘿蔔素與多酚）等營養成分，可讓大腦變年輕，防止失智症的發生。

七、睡眠要充足，但也不要太多

　　每晚至少要睡七至八小時。若有失眠的問題，應先從改變不良習慣，如白天儘量少睡（午睡小憩即可），準時上床，切勿依賴藥物。

八、要增加運動量

　　不管是散步、慢跑、打打太極拳，乃至做家事、整理庭院花草、陪兒孫打球，或者參加社區中所舉辦的各類健身活動，只要能夠讓老人家動動筋骨都好。但要注意運動安全，避免任何運動傷害。

老人心理學

 第五節　結語

　　如果說健康是人最大的資產，應該不會言過其實。試想一個
人縱然有億萬乃至億億萬的財產，卻因為失去健康，整日與藥罐為
伍，有何幸福可言？顏淵是孔子最喜歡的學生，聰明、有智慧而且
比人家吃得更多苦，又有理想，卻因為早逝，一切都付諸泡影。

　　健康實際上有三個層面：生理健康、心理健康與良好的社會
行為，三者缺一不可。沒有健全的身體，不可能有健全的心理，沒
有健全的心理，就不可能有健全的人際關係，反過來說，三者之關
係也是一樣的。

　　進一步來說，感官的功能與個體的行為，也是息息相關。一
位老年人耳聰目明，反應敏捷，靠的是個體的感官，還依然保持其
應有功能。如果說感官功能失去應有的水準，就難免遲鈍、蹣跚。

　　許多慢性病症會出現在老年的長者身上，不過懂得如何維
護、如何養生，雖不能遲滯老化腳步，卻至少可以益壽延年。如果
再多多運動，那就更為理想。

進一步的問題...

一、試舉一個心理不健康的老人，如何影響他的生理健康與
　　社會行為。

二、也許你現在不過三、四十歲，可想到再過二、三十年，
　　你的容貌、你的生理特質，將有什麼樣的改變？

第五章
老人認知的功能

　　由於老人人口的不斷增加，對於如何提高老年人生活的品質，以及如何預測、防患他們認知功能方面可能的變化，已引起社會各界，尤其是心理學家極大的、全面的注意。對於如何促使並保持老人認知的活力，更成為研究之重點。同時認為唯有老年人在認知活動的加強，才是導致他們長壽而健康的主要前提。

　　事實證明在某些健康的老人中，雖然年過八十，甚至九十，在某一方面的確有些微衰老的跡象，但是依然思想靈活，反應敏捷，對於外界事物還是相當感興趣。

　　過去幾十年間，許多研究學者所感到有待探討的主題之一，就是同樣年齡的老年人，有的是那麼健康，卻有更多已經出現了遲鈍、蹣跚，甚至早期癡呆症的跡象。

　　本章將就此一問題，作進一步分析。

第一節　生活型態與老人認知

　　首先，我們應該就老人認知問題有關的名詞，作簡單的界說。

　　早在一九六○年代，一些學者就注意到遺忘與年齡有密切相關，認為有一種症狀就是記憶力消退與年齡關聯（age-associated memory decline, AAMI），以及認知功能消退與年齡關聯的症狀（age-associated decline, AACD）。

　　最近另外一些學者則對正常老人所出現的早期老人癡呆症狀，感到極端興趣，將此一症狀稱為MCI（memory cognitive impairment）。此一症狀之特點是這些老人除記憶力有明顯衰退之外，認知的其他功能則很正常。在MCI個體中，有的是多方面的認知功能衰退，有的是僅有記憶力的問題。這些功能的衰退，呈現了

許多大同小異的症狀，研究發現，導致此等病狀原因，主要是與個體的生活型態有關，其中又包括了成就水準、認知與生理活動，以及營養素等等。

一、教育成就

從許多長期追蹤與橫切面的研究中，證實了教育水準較低之老年人，在認知功能的測驗成績上，遠遜於教育水準較高者。教育水準較低者，似乎有較多機會得到癡呆症。世界各國許多研究也都證實此種可能。同時，他們也都發現癡呆症之病源，除了腦病變或長期酗酒之外，就以教育水準較低者為主。他們也同時認為老年人在各方面衰退現象，大多與教育水準較低有關。

圖5-1及圖5-2可供參考。

不論是教育的年限，或者是教育的實質，都對年長者的知能有很大的影響，尤其是在問題解決的思考能力以及問題解決的執行力方面。同樣地在語意與語文發表的暢通，以及歸納推理能力方面，也顯現教育水準對老年人認知能力的長遠影響。

二、職業成就

職業成就與老年癡呆症的相關研究，也發現此中的關係。許多研究都證實低成就或低技能之老年癡呆症患者，出現癡呆症的時間較長，情況也較嚴重。那些不需要任何專業技巧與心智活動的老年工作者，不但癡呆的情形較為嚴重，而且體能各方面都衰退得較早。同樣的，在阿茲海默症（AD）的患者亦有類似情況。

Katzman則對此情況提出進一步的看法。他認為那些教育水準與職業成就較高的年長者，在神經系統方面所增進的神經原的

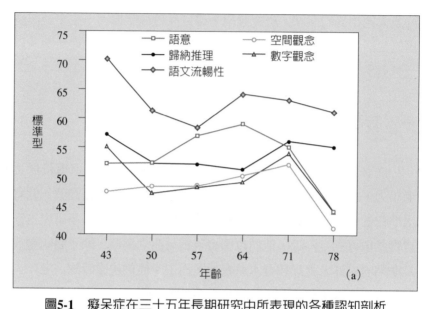

圖5-1　癡呆症在三十五年長期研究中所表現的各種認知剖析

資料來源：Schaie & Carstensen(2006), *Social Structures, Aging, and Self-regulation in the Elderly*, p.17.

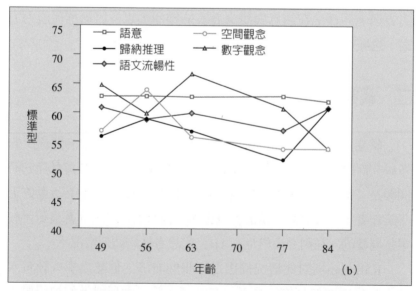

圖5-2　沒有智能失常者在三十五年長期研究所表現的各種認知剖析

資料來源：同圖5-1。

聯結，遏制了認知的消退，而助長了認知神經系統的密度（王克先，1987）。

另外一些學者則以齧齒類的動物作為研究對象，他們發現如果經常給予各種刺激，這些動物的頭腦重量與神經系統的聯結較強。

綜合各項研究的成果，證實了個體如果經常在刺激與反應過程中不斷地運作，腦神經就以更多的儲存細胞，容忍AD的病原體，因而減低了AD出現的危險性，也遲緩了AD出現的機會，使個體有更長時間來應付AD出現的可能狀況。

圖5-3及圖5-4顯示職場上專業人士、技能人士與無任何技能的勞動者在不同年齡中認知行為的差異。

三、體能運動與營養

研究實驗亦證明年長者如果經常運動並調節、加強其營養，將大大改善其認知功能。

Prager（2001）以成年老鼠作實驗，發現經常滑動齒輪的老鼠較老是蜷伏在籠子的老鼠，在各種反應上較為敏捷。其他一些研究實驗也證實那些有運動習慣的老年人，似乎認知功能較佳，尤其在空間觀念、語文表達能力方面更佳，同時也較少出現早期癡呆症的症狀。另外的研究則指出經常作深呼吸運動的老年人，在推理、工作記憶與技巧操作上的表達，遠優於很少運動的人士。

梅可望先生在所提出的健康十誡中，就指出「行如風，運動充」兩項提示，也可供參考。

在營養方面，很多學者都強調良好的營養有助於認知功能的提升。相反的，不良的營養習慣，對於認知功能往往造成不必要的傷害。

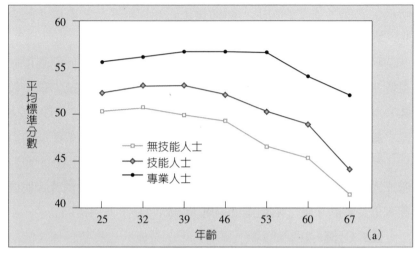

圖5-3　不同技能人士在語言能力的標準分數

附註：本圖顯示專業人士與其他兩項人士，在語言能力的差異，隨年齡的增長而更為明顯。雖然年過五十之後，彼此都有下降的趨勢，但是以無技能者最為明顯。

資料來源：Schaie & Carstensen(2006), *Social Structures, Aging and Self-regulation in the Elderly*, p.20.

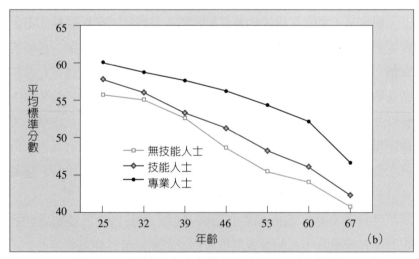

圖5-4　不同技能人士在推理思考能力的標準分數

附註：如圖5-3之說明。

他們發現喜歡肥肉、油脂的個體，使得所累積的不必要食物，阻礙了消化系統與排泄系統正常的運作。太高的膽固醇，更是認知功能的最大殺手。研究發現有偏食習慣者，或營養不平衡的老年人，得癡呆症的機會，遠大於注意飲食習慣、不暴飲暴食的老年人。尤其是那些素食者，如果不從豆類及植物油中補充脂肪的來源，就很容易成為疾病侵襲的體質。

相反地，在第三世界或經濟非常落後的地區中，老年人謀生本來不易，營養狀況當然是非常惡劣，任何一切運動與營養的條件，都是奢談，死亡率更是高得驚人。如何及早伸出援助的手，應是首務之急。

本節主要的結論是，我們可以一方面注意老年人認知功能消退的原因加以防患；另一方面則應正面加以密切注意。

行文到此，偶讀《天下雜誌》第三六五期（二〇〇七年一月出刊）標題為〈鍛鍊你的腦，聰明到腦〉一文，其中內容可補充上文的不足。這篇文章摘錄自劉秀枝所著的《聰明活到一百歲》，極有參考價值。

文中提及雖然年老無可避免，但許多醫學文獻均報導，中年多運動、多動腦、吃七分飽、喝少許酒、不抽煙、多交朋友、保持正面心態及愉快心情且持之以恆，就可以擁有成功優雅的老年生活。

正如一般研究結果所提出的，人的大腦擁有與生俱來的可塑性，可以彌補老年退化的不足。比如腦部功能性的磁振造影顯示正常老年人的記憶表現和年輕人的一樣好時，老年人所利用到的腦部區域較年輕人廣，表示我們的腦部有足夠的儲存及代償能力，只要讓年老長者多用腦細胞，就可以與年輕人表現一樣好。證明當老年人記憶力減退時，大腦是可以經由記憶訓練來增加記憶能力。

其實，從其他一些對阿茲海默症有很深入研究的專家學者也

發現，高教育或多動腦者較不容易罹患此一病症，即使大腦已有此一病症的病人，也不太會出現嚴重的失智症狀。

另外一些營養專家也認為飲食中含較多的魚或不飽和脂肪酸的低脂肪攝取的民眾，得到阿茲海默症的機會較低。二〇〇六年美國哥倫比亞大學的研究證實，多蔬菜、豆類、穀類，適量魚，少量家禽、肉類的老人容易健康，得到阿茲海默症的機會也較少。

第二節　不同老化年齡的認知

從老年初期到老老年期的年長老人，其認知模式自有極大差異，即使是同一年齡也可能有明顯的不同。

Schaie與Haffler（2001）認為我們可以就所觀察的四種老年人的各種言行舉止、思想意念，將之劃分為：一般老人、成功的老人、輕度認知受損，以及經由診斷確定為癡呆症等四種認知模式，以及不屬於上述，而自成為邊際的癡呆症。

第一類，也是絕大多數的老人，在中年過後，認知能力仍然保持它的正常高原期，到了六十歲過後才逐漸明顯走下坡，八十歲初期，才在認知能力的某一方面，呈現些微的衰頹現象。其中又可分為兩群體。第一群體包括了在認知功能方面，始終保持相當優秀的水準，而且一直保持自立自主的活動，縱然逐漸出現龍鍾的老態，甚至深受病痛之苦；另外一群體的老年人，則很早出現各方面的疲態，需要他人的照顧。

第二類，是少數的老人，在基因遺傳與社經地位上，一向都顯示相當的優秀，而且一直保持這種優秀，迄至老老年的初期。縱然在動作速度上，已經開始下降，可是在認知功能上，依然保持原

有水準。這些老人是最幸福的一群，生命曲線一直呈現某一階段的不變情況，生命的期望也一如其所企求的實現在生活中。

第三類模式，指輕微認知受損（MCI），其中包括在老人初期即出現認知能力不足的一群老年人。他們在各種智力測驗中，通常存在一個標準差，而絕大多數的老人之標準差僅為0.5。他們之中大多數是記憶力比較有問題的一群，但是不見得他們的晚境會進入癡呆的世界。

第四類模式，稱之為邊際的癡呆者。這一類，顧名思義是認知能力在癡呆者之上，但又為MCI輕微受損者之後，不及早加以診治，就可能成為癡呆者之一群老年人。

第五類模式，包括經過診斷確定為癡呆的老人，不論其成因何在，嚴重之情況又如何，其共同特徵都是認知功能的普遍下降，其中不少是出現在中年之晚期，惡化於老年之初期。更值得吾人注意的是，他們有不少在老年期中的任何一個時候，成為失智者的一群。

圖5-5顯示上述五種認知不同型態老年人，從成年早期（a）以及由成年晚期（b）到老老期（88歲）的認知拋物線。

由圖5-5可知：

1.認知型態不同的老人在平均標準分數的明顯差別。
2.隨著年齡的增長，不同之差別也就跟著擴大。

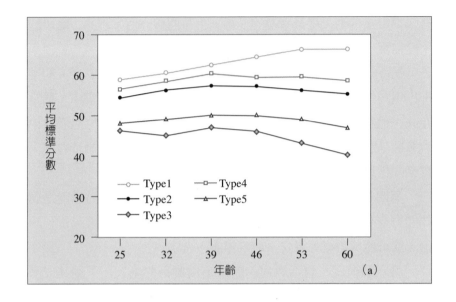

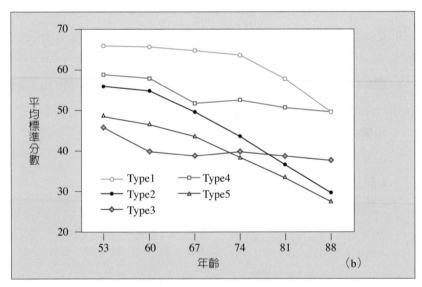

圖5-5 五種認知不同型態老年人，從成年早期（**a**）以及由成年晚期
（**b**）到老老期（**88**歲）的認知拋物線

資料來源：同5-3、5-4註。

附註：Type1　認知能力高原期。Type2　認知能力保持原有水準。Type3　輕微認
　　　知受損。Type4　邊際痴呆者。Type5　痴呆者。

第三節　老人的智慧

　　所謂智慧，本文界定為生命實質中，最高之洞察力與判斷力。本節將就智慧的社會本質作深入探討，因為智慧研究的架構，應基於社會現象的詮釋與推估。所謂智慧之社會本質包括了下面四個層面：

1. 智慧之源泉──包括智慧在社會各種條件與環境中，如何面對特殊的各種挑戰與未來之挑戰。
2. 智慧之創始──泛指以社會互動為前提的宏觀性與微觀性的關聯。
3. 智慧之認同──也就是眾人所能一致贊同的意見與看法。
4. 智慧之功能──通常一般智慧之困境都有一個社會的面向。

　　請注意本文對智慧的界說著重於群體生活的洞察，而不是單一的、個人的生活，因而有於個別的覺察。這種洞察的基準又可分為：

1. 事實的知識性：所考慮的是人類的本性、生命的發展、發展過程中的變異與結果、人際的關係、社會的模式與其限制。
2. 程序的知識性：包括生命意義與行為的探討策略，譬如說如何解決衝突的啟發。
3. 對生命內涵的充分瞭解：包括有關生活各種問題（如教育、家庭、工作、朋友、休閒以及社會福利等等）之間的相互關係與其發展。

4. 對於價值體系與生活優先順序的體認：包括對價值不同看法的認知與容忍，以致力於彼此之契合，共謀社會之進步與福祉。

5. 對未定數的體認與管理：人們永遠無法對所有事物，作完全瞭解，因而無從就其未來發展，作最完善的決策與考慮。同樣的，也對於現今許多問題，如何謀求改善，也往往苦無良策。

因此，吾人似乎可以根據上述五個基準，描繪一位智慧人的畫像與其必要條件：

1. 他必須有高度的自知之明：對於個人之一切，有足夠的瞭解，包括自己的優缺點、生命的目標、生活的意義與個人的情緒。

2. 能自我鞭策與自我約制：對自己的未來充滿信心，努力向上，善於自我表達，而且不斷要求人際關係的和諧。

3. 充分瞭解群體與個體密切合作的重要性：深切體認「我為人人，人人為我」的道理，而且盡自己能力之所及，奉獻人群、社會。

4. 能夠常常自我透視與自我反省：對自己一點成就，不矜不喜，對自己過失也坦然面對，並以此推己及人，以高度的寬宏，接納別人。

5. 能夠對異己者加以容忍：樂於聽取別人的意見，不堅持自己的看法，體會溝通的重要性。

學者Meacham以為所謂智者，他不見得學富五車、通古曉今，無所不精，而是覺察人之所未覺察，並且不斷鑽研一切所未知之事物。他還以為聰明與不聰明之不同，不在乎所知道的是什麼，而是

就所知道的事實，引申到其他領域，並且運用在實際生活之中。他更以爲一位智者絕不承認自己是一位智者，反而謙卑地不斷學習。

像上述前面的這些條件，顯然是需要一個人在年齡軌道上，勵品力學、虛心請益、正心誠意、格物致知、效法先賢，以程門立雪的精神，不斷淬練自己，才能在個人素養方面，力求精進，在品德上樹立個己所特有之風骨，在學術上創造出一片天地。這些絕對不是立竿即可見影，僥倖就可以倖致的。相反地，它是隨年齡而精進。唯有讀萬卷書、行萬里路的老年人，才可以說我已走過大學之道，日日新、又日新的，望著至善的境界，不斷邁進。

這也就是一位智者必是一位長者的道理。

願天下長者，在敦品力學方面，再求精進。

 ## 第四節　失智老人

正如譚健民所指出在臨床上老年「癡呆症」又稱爲失智症。據統計，六十五歲以上的人口群中，大約有百分之四到百分之八罹患有失智症，其中有百分之一至二屬於需要有人陪伴照顧的重度病患。而在八十五歲以上老人中，罹患失智症者則高達百分之二十。隨著台灣人口老化的趨勢，失智症人口當有五至十萬的失智老人。

失智症多起因於腦部發生持續性的生理、神經方面的損害，導致腦部功能的損失。老人失智症屬於腦質性腦部症候群（Organic Brain Syndrome）或慢性腦部症候群（Chronic Brain Syndrome）。

老年失智症初期最常出現的症狀就是健忘，但通常健康老人有時也會偶爾暫時發生，罹患老年失智症的老人之健忘會經常發生並日趨惡化，不但會忘記所有過去所發生事情的內容，甚至會否定

整件事情的存在，更不承認有健忘的現象。

失智症患者的認知功能，隨病症而不斷惡化，嚴重地影響語言、感知、視覺／空間功能、計算、判斷、抽象化以及解決問題的技巧。因此，失智症罹患者的日常生活事物，乃受到極大之影響。

引起失智症的原因很多，有些是可以治療或控制的，其中包括頭部外傷所引起的硬腦膜下水腫，甲狀腺功能低下所引起的腦細胞病變，或者腦炎及腦膜炎所引起的腦皮質功能喪失，這些疾病在經過外科手術及藥物治療後，失智者的症狀就可以慢慢改善。

事實上，常見的失智症，其原因大部分是由於腦血管梗塞所導致，而這一類患者常會合併高血壓、糖尿病以及心臟病，使得失智症的症狀日趨嚴重。

在所有失智症罹患者之中，最令人棘手的就是阿茲海默型失智症，約占所有失智症罹患者之中的二分之一。目前是美國六十五歲以上成年人的第七大死因。

阿茲海默症的症狀最早在六十歲之後出現，六十五歲之後，普及率每五年增加一倍。

阿茲海默症確切的病因迄今不明，那是一種有組織地破壞腦細胞，使得腦細胞核內的DNA（去氧核糖核酸）複製過程出現障礙，造成腦細胞的退化，因為其病變常出現在前腦底部，因此也會影響到記憶。

遺憾的是目前尚無任何藥物可以緩解此一病症，而有待於更多學者專家投入此一領域之研究中。

第五節　結語

　　當我們由衷地祝福老年人幸福、快樂的時候，更期盼他們各方面的認知能力，一如他們在年輕時代那樣。可惜的是年齡越大，認知能力也就愈差。

　　我們爲那些認知能力仍然保持較高的水準的老年人而慶幸。也期盼一般老年人多多用腦，時時加以鍛鍊、聰明到老。

　　最後，我們的誠摯建言是：不要讓大腦退休！

　　當然，營養家的建議也是我們所應優先參考的。

 進一步的問題...

一、你認為「不用則退」這一句話，應用在老年人的腦力上
　　是正確的嗎？為什麼？

二、試詮釋「不要讓大腦也退休」這一句話！

三、如果你的家人或親朋好友中，已經有一兩個人已出現了
　　失智症的初期徵象，你有什麼誠摯的建議？

第六章
老人智力與創造力

　　似乎每一個人都知道智力是什麼，每一個人的說法卻可能都不太一樣。縱使心理學家也沒有辦法，提出一種大家都可能完全接受的明確、有效的界說。

　　正如同學習一樣，智力是見不到的，只好從一個人行為所表現的種種加以觀察。我們通常是從一個人的言行舉止、待人接物的各種態度中，忖度他的可能智力。因為那多少有點主觀成分，所以就可能差之毫厘，失之千里了。

　　智力究竟是什麼？是不是人到老了，的確腦筋就不太靈光？智力測驗對我們推估一個老人的效度與信度又如何？這都將是本章各節中所要進一步分析討論的主題。最後，我們還會談到一些創造力的問題。

 ## 第一節　智力的定義與性質

　　智力一詞，歷來界說不一：

　　張春興將之先解釋為「個體在推論、想像、創悟、判斷以及生活適應等方面的能力」，以後又補充為「智力乃個體本身自身之遺傳條件，在其生活環境中與人、事、物接觸而生交互作用時，其所表現善用以往經驗，隨時吸收新知，因時因地肆應變局，迅速見及困難之關鍵，並經思考、推理、判斷以解決問題的綜合能力」，可說是非常周全完整。

　　Perlmutter與Hall則將之界說為：所謂智力泛指個體心智的一切活動，從而增進面對環境的各種情況，有效地發揮其功能。

　　多年來，心理學家談到智力的時候，所常常疑惑的是智力到底是一個單獨而綜合的要素，或者是一系列的一組歷程？如果是這

樣的話，那又是什麼？

　　很常的情況是我們努力地透過因素分析（factor analysis）的方式，就個體在不同表現中，觀察他的所作所為，並從而探討此中的具體關係。其理論的基礎是每個人在面臨不同刺激時，其反應絕不相同，仔細地觀察此中的差異，似乎不難發現其真正的智力。

　　可是，有趣的是在一群受測者，面對同樣的刺激時，所呈現的反應，都出現了一些大同小異的地方。換一句話說，那就是人與人之間的共同能力。

　　不過，有時特殊情境需要的是以特殊力量去迎接挑戰，僅靠那些一般人所具備的能力，不足見到效果。這就出現了個體在反應各種刺激時明顯的差異，也就可看出彼此的智力如何了。

　　至於智力究竟是單一或複雜的能力表現，早在二十世紀四十年代學者L. Thurston就指出智力是建造在七個要素之上，也就是他所說的基本心智能力。其中包括了語意的瞭解、數的觀念、空間的觀念、感覺的速度、記憶、推理與語文表達的能力。由於這些要素各有其不同功能，因此每一個人就發展出其獨特的能力模式。

　　到了二十世紀七十年代，J. P. Guilford則以為智力應不限於七個要素，而強調運作之過程。他將資料正確性之評價（evaluation）、邏輯的思考（convergent thinking）、差異的思考（divergent thinking）、認知與記憶列為其中最主要之程序。同時認為所有訊息的資料，應分為單元、組合、關係、系統、遷移與應用等六種型態。

　　學者Cartell則將智力分為液態能力（fluid intelligence）與晶態能力（crystalized intelligence）兩種。前者指人們對圖形、物體、空間關係的認知、記憶等形象思維能力有關的智力；後者則指人們對語言、文字、觀念、邏輯思考等抽象思維有關的智力（引自王克先，1987）。

　　學者Gardner則提出多元智力的理論。他認為智力是包括語

言、音樂、邏輯數學、空間、肌體運動、個己的關係以及人際關係等七方面的綜合能力。

由以上各家之理論，似乎我們可以獲得一個結論，那就是智力的本質是由不同的心智能力所綜合而成。

 第二節　智力的發展

正如個體其他的行為一樣，智力是發展而成的，即個人的智力隨年齡的增長而增加。我們所關心的是，智力發展在什麼年齡達到高峰，又在什麼時候開始下降？一個老年人的智力一定比年輕人差得很多嗎？又為了什麼緣故？

最足以說明年老的長者某種智力下降；某種智力保持不變的學說是Perlmutter（1992）所提出的三層次系統圖（**圖6-1**）。

Perlmutter以為智力包括三個不同層次：訊息的進展、訊息的瞭解與思考的作用。

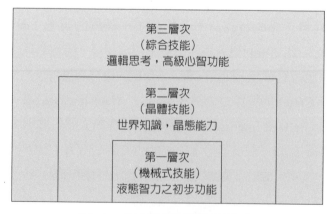

圖6-1　智力發展三層次系統表

資料來源：Perlmutter & Hall(1992), *Adult Development and Aging*, p.254.

　　智力三層次的理論有助於說明老年期智力的變化。年齡漸老，第一層次（也就是生物的層次）可能因為健康的不佳或者生物老化的現象而衰竭，但是第二、第三層次則屬於心理層次，卻相對地免疫於老化過程中。同時由於認知系統仍然相對的活躍，因此其功能仍然保持，儘管第一層次已出現了品質的下降。換句話說，認知的基本運作過程中，那些液體智力的能力，在老年期已不如中年以後那麼重要。我們將再進一步加以說明。

　　第一層次訊息的進展，包括了注意力、反應的速度、記憶與思考，在個體童年以後即已開始，而且除非遭遇到外傷或者不良的健康，都將保持穩定的發展，迄至老年的晚期。

　　第二層次是瞭解外在的訊息而將之儲存，作必要時各種運作的準備。它是不隨年齡的老化而衰退的。

　　第三層次也就是後設認知，從知其然，進而知其所以然的地步，或者說是個人對認知之認知，那是往往隨著年齡的增長而增長的。

　　曾經很長的時間，腦力衰退論是盛行一時的。他們所提出理論的重點是人年過三十，腦部每天就會損失十萬個神經細胞，到了七十多歲，腦的表面積會比在二十歲時減少百分之十。可是卻有不少科學家承認上述數字並不正確，因為研究者並未考慮諸如營養、疾病、生理及心智活動等可能改變腦部結構的眾多變項。

　　尤其是最近一些實驗顯示，正常健康的大腦不必然會隨年齡而損失神經細胞。腦和腦神經雖然因損失細胞間的突起而縮起其容量，但在某些情況下，腦部仍能產生新的神經突起，發揮其應有功能。

　　還有一些專家以實驗來證明，就算在老年健康不良的情形下，損失了一些腦細胞，腦的可塑性卻可以及時地加以彌補。另外一些研究人員也發現，腦細胞在某些限制的情形下，仍然可以重組

以彌補腦部所受的傷害。

當然，這方面我們還需要再作深入的研究。

 第三節　老人與心理測驗

沒有一些標籤的衡量，我們是沒有辦法認定一個人的智力，因此智力的測驗也就應運而生，而最常見的是所謂標準測驗。如果測驗的結果有很高的效度和信度，那麼個體在這一個測驗中所得到的分數，就可以看出或預測他在類似情境中的智力表現。

目前最常用於瞭解老人智力測驗的是WAIS（Wechsler Adult Intelligence Scale），中文翻譯為魏氏成人智力量表。

魏氏成人智力量表包括兩大部分：語文部分與運作部分。其中再分為若干分測驗，每一個分測驗針對更特殊的語文或非語文的技能而命題。量表中的細目由淺顯，逐漸增加其難度。每一個量表都是不連續的，而中斷在受測者不能回答好幾個題目的時候。測驗之程序是先由語文部分開始，繼之以非語文之部分。

魏氏成人智力量表不同於其他智力測驗者，是其文字分測驗大部分是衡量其智慧能力，尤其在某些重要領域中的知識儲存量，特別著重於資料處理、理解力、數字與字彙，其他內容包括歷史的史實、文學的內涵、生物的事實、數學的瞭解、對環境的認識與關係，以及字句的熟練。**表6-1**可看出其示例。

測驗的目的，一方面在瞭解受測者之理解力，另一方面在評量其回答或實際操作的正確度與時間速度。結果之評量方式，在比較其成績與同一年齡其他受測者之分數。WAIS受測者之年齡包括二十歲以上至七十五歲之成人。測驗所得之分數，可按量表之常模，換算成智商（IQ）。

表6-1　魏氏成人智力量表的示例

	量表	說明	舉例
語文部分	1.資訊	知識的款項（文學、生物與其他）	鳥有幾支翅膀？
	2.理解	合宜的行為以及如何與環境相處	為什麼要存款在銀行中？
	3.數學	演算（規定時間之內）	如果一個蘋果十元，一打是多少錢？
	4.相似	文字推演	一把鋸子和一把斧頭有什麼相似之處？
	5.數字記憶	按數字排列之先後，回憶剛才之排列	請立即回答我所顯示的數字79684
	6.字彙	解釋字詞之涵義	這一個詞應該怎樣解釋？
非語文部分	1.排列這些數字	演示數字的排列（有時間的限制）	
	2.拼圖	有時間的限制	
	3.積木遊戲	有時間的限制	
	4.實物拼湊	有時間的限制	

　　WAIS受測之結果，經由美國Duke大學長達十年之檢測，發現受測者在非語文部分之成績是年齡愈高者愈低，在語文部分雖然也有顯著之下降趨勢，但不若非語文測驗之部分。

　　從圖6-2中，我們所要探討的是為什麼從WAIS以及其後其他類似的成人智力量表，老年人的智力都在下降：

1.一般智力測驗之編製，大多考慮液體的智慧，出題多偏於圖形、物體、記憶等形象思維的能力，結果自然不利於老年人，因此似乎顯現老年人智力衰退的一面。實際上年長者可能有不同的心智能力。整體而言，不見得情況惡化到非常嚴重的地步。

2.年長者出生的環境與成長的歷程，大多傾向於保守而減少刺激，不利於進步的學習、敏捷的反應、反覆的思考以及主動地擷取新知。因此對那些需要立即的反應，爭取時效的測驗

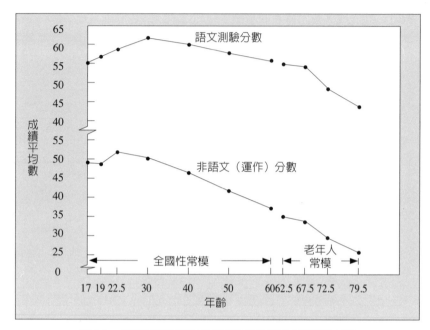

圖6-2　語文與非語文分數在不同年齡組別之比較

資料來源：Belsky(1994), *The Psychology of Aging*, p.108.

題目，往往是力不從心。

3. 一般而言，今日七、八十歲的老年人所受教育的年限，都比年輕人來得短；工作職場上所獲得的技能大多屬於藍領階級的層次，因此缺少變化性的刺激，導致在各種智力測驗上表現不可能很好。

4. 在大多數情形下，老年人不喜歡要腦筋急轉彎或者嘗試錯誤的題目，而且對於一定要在某些時間中完成的解答，容易心慌意亂。他們可能在一些需要長考的題目，比較感到興趣。

5. 很多測驗題目是需要記憶之後作答。老年人的記憶力自然比不上年輕人，尤其是音節、字母的記憶方面來得更差。

6. 老年人的測驗結果不佳，一定是因為年齡的關係嗎？是不是

由於腦細胞的喪失、動脈的硬化或者其他生理系統不知名的變異，導致影響神經系統的正常運作？這些等等，都有得吾人進一步研究。

基於上述幾個理由，也許我們可以得到一個初步的結論，那就是僅憑老人智力測驗所顯示分數的高低，斷言其智力之退化，似有未盡周妥之處。今後是否在編製有關老人的智力測驗時，更加斟酌考慮老人智力之多元性。

 # 第四節　創造力

首先，請別把「創造」定位為大發明、大成就，而應該將之肯定於我們日常生活也可能有的一念之新革。其實，「日日新、又日新」本來就是古之明訓。

根據《張氏心理學辭典》的解釋，創造性或創造力，在問題情境中超越既有的經驗，突破習慣限制，形成嶄新觀念的心路歷程。同時也指不受成規限制而能靈活運用經驗以解決問題的超常能力。

心理學家在研究創造的時候，也從兩方面去探究：其一是創造性思考的研究，旨在瞭解創造者究竟是經歷怎樣的歷程；其二是創造力的研究，旨在探究創造究竟包括那些能力。

創造力，應該是我們每個人所有的特質之一。創造精神更是大至先聖先賢、偉大的文學家、藝術家、科學家之所必有，也可能是我們日常某種考驗，所激發的一些靈感。它提升了世界古今中外人類一般生活的品質，更促進了文明的進步。它掃除了舊有的醜陋生活型態，與落伍的生活觀念，展示了人類進步的曙光，更照耀了

老人心理學

人類燦爛的每一個生活層面，也充實了每個民族、每一地區人民的生活內涵。讓我們可以愉快地謳歌過去人們所給予的一切，並充滿信心追求未來美夢的信念。

創造力是與生俱來的，而且似乎年齡越大，智慧越成熟，更顯現其聖人的一面。據統計自一九六〇至一九八五年，二十五年內，各項諾貝爾得主之平均年齡是六十七歲，而最高年齡為八十七歲。

其實，每個人心中都有幾個夢，那就是如何讓明天會更好。每個人對其周遭所發生之事務，都時時思索著為什麼如此，或者為什麼不如此。所不同的是有人存疑之心一瞬即逝，認為本來就是如此，將之視為理所當然；有些人卻是窮根究底，打破砂鍋問到底。

多少人看過蘋果從樹上掉下來，牛頓從其中領悟到萬物落體的定律，多少人在海邊看到遠方水平線上歸來的入港漁舟，哥倫布卻由之奠定發現新大陸之事功。

由許多研究證實，也見證於我們日常生活之中，思考、創造是革新除舊的最好觸媒。尤其是我們年長時，創造的幾個要素——生命所累積的經驗與生命中所常存的耐力，也往往是與日俱增。

專家研究的一致結論對老年人而言：

1. 創造力加強了晚年生活的士氣：創造力讓我們改變一向處世待物、做人做事的舊思維、舊方式的傳統經驗，提升了生命的新奇感。創造力的一部分本質，就是參與、求變。當你發現你還有能力，去面臨各項挑戰，還可以在各方面有所突破，心理的滿足與喜悅，自然成為再求精進的信心，而且帶動了其他事物處理的求好的興趣。正如同不斷練習，會讓肌肉更結實，創造力也可以使我們意志更集中，情緒更亢奮。

2. 創造力對老年生理的健康大有幫助：許多研究都證明，我們

的情緒、腦部的功能與免疫系統的運作，是相互地作用著。因此，不斷地動腦筋，不停地動手，都大大幫助我們各方面功能的提升，因而增進了健康的狀況。這種情形更普遍存在於年長老人身上。創造的表達，典型的是透過此中歷程，增進其自我信念，因此不知不覺中會改變了一個人的外表，展現出充滿信心的步伐。我們很容易從日常觀察中看出一個人興緻勃勃與一個垂頭喪氣的人的明顯不同。

3.創造力增進了代際之間的關係：對於一個年過中年的個體，當他發現即使進入老邁，猶有無盡的發展潛力，必然會對長者有更大尊敬的心態，而亟思效法。即使剛有所成的年輕人，也可以從父母雖年衰，卻充滿幹勁的樣子，激發了自己熱心工作的精神，而且樂於與父母交談立身處世應有之態度，有助於兩代之間關係的改善。老年人也就可以從年輕人身上得到一些年輕的氣息，與應該更努力地想在各方面與他們一起成長。

4.年長人的創造力是文化傳承的最大資產：古代傳統社會中，一切都是靠世代而傳承的。「家有一老，猶如一寶」的俗諺，可見代代之間，關係之密切。充滿創造力的長者，所提供的老年人更應該做一點事的看法，是後人最大的資產。相反地，一位年老長者整日暮氣沉沉、怨天尤人，其對子孫負面影響之大，也是不言而喻的。

張春興曾歸納國外若干學者之意見，認為創造能力高的成名者在行為上的一般特徵有下列幾點：

1.興趣較廣泛，喜歡對複雜新奇事物用心思。
2.從眾行為較少，對事物之判斷不喜受他人影響，好獨立行事。
3.自信心較強，但有時難免流於武斷。

4.思辨較精密，觀察較敏銳。

5.喜歡研究思考哲學、宗教、人生價值有關抽象問題。

6.生活範圍較大，社會能力較強，但時有反現實、反傳統的傾向。

7.好表達自己的意見。

8.對自己的未來持有較高的抱負。

9.態度較直率而坦白，感情較開放，不拘細節，難免給人一種浪漫的形象。

10.做事認眞，有恆心，有毅力，很少半途而廢。

以這些特點，對照一些有創造意願的老人，是否有些吻合之處？

其實，人們本性中，思維即常受人格特質、所處情景與生活經驗的深遠影響。而自我激勵、好奇心理、對未知事物之深感興趣、獨立、喜歡接受外在的挑戰、企圖生活中的某些改變，好想像、做夢等等都似乎是一些不甘因循苟且、永居人後人們的普遍心理，尤其存在於那些不肯為時代所淘汰的老年人的心中。這點也說明了許多長者老而彌堅、永遠挺拔的道理。

更重要的是創造力是根據於我們心中，它融入了生活裏的每一領域中，從政治、藝術、科學、經濟到生活中細微的點點滴滴，你都可能有自己的看法，也都可能對外在所發生的一切事件，提出批判論斷，證明了你的創造力存在於你的思維之中。

絕大多數的我們，不可能成為諾貝爾的得主，也不大可能贏得總統的選舉，但是我們都極可能在人生的不同方向中，走出自己所想要走的路，並且在不斷努力下，達成我們的願望。說到努力，愛迪生曾說過：成功是百分之二的天才，加上百分之九十八的努力。

　　說到愛迪生，他一生之中得到一千多樣專利權，而且是愈老愈投入於各項研究實驗之中。他在六十五歲（一九一二年）發明了有聲電影。第一次世界大戰時，他已經七十高齡，還領導一大群科學家研究魚雷與反潛水艇的各項武器。八十多歲時還致力於人工橡皮的研究。

　　當我們談到創造力是生命最大的力量時，我們首先想到的可能是一些知名的藝術家、科學家、發明家或者是宗教與政治的領袖們。可是，創造力並不專屬於天才型的人物。他們也絕不是得自極為優異的天賦，你，絕對沒聽過愛迪生、愛因斯坦的父母或者祖父母是誰。他也不是出生於極為卓越的家庭環境中，不勞而獲地坐擁創造力的成果。相反地，那是一條非常漫長的路，以畢生的心血所辛勞換來的。

　　問題是有許許多多的人，有夢、有理想，卻總希望凡事一蹴可幾，不肯撒種、耕耘，怎會有歡呼收割的一天！

　　附錄一些先聖先賢以及今日風雲人物年屆七、八、九十歲時所展現的生命力與創造力，讓我們見賢而思齊。

1.至聖先師孔子年已七十三，猶「廢寢忘食，不知老之將　至」。

2.古代名將廉頗、黃忠、馬援等都年過六十許，猶請纓馬上殺　敵。

3.佛洛伊德（Sigmund Freud）於六十六歲那年出版其最有名的　《本我與超我、自我》一書，而於七十七歲發表《未來之幻　想》一書。

4.榮格（Carl Jung）於八十六歲那年發表《記憶、夢與反射》　（*Memories, Dreams and Reflections*）。

5.皮亞傑（Jean Piaget）八十四歲高齡逝世前，一直主持認知

發展與道德發展，在心理學領域中名聲之大，僅次於佛洛伊德。

6. 德蕾莎修女（Mother Tersa）一生奉獻在印度災民的工作，六十九歲得到諾貝爾和平獎，八十七歲逝世於印度前，猶不忘投身於社會福利事業。

7. 馬歇爾將軍（George C. Marshall）是偉大的美國政治家，於六十七歲出任美國國務卿，兩年後提出偉大的馬歇爾計畫，重建了歐洲，七十三歲時得到諾貝爾和平獎。

8. 海倫凱勒（Helen Keller）這位又盲又聾又啞的美國教育家於七十五歲時發表名為《老師》一書，以紀念其老師Sullivan女士。

9. 愛因斯坦於七十四歲時，猶發表許多論文，說明相對論的真義。並於一九三三年五十四歲時與佛洛伊德合作，發表《為什麼戰爭？》（*Why War?*）一書。

至於國內知名的企業家王永慶先生雖已年逾九十，但仍運籌惟幄，身體健壯，茲不另行詳介。

 ## 第五節　結語

有人說，智力是一切的根源。人之所以駕馭萬物，遨遊太空，不是靠著體力，而是完全憑藉智力。

有人說，人老了，智力就不斷下降了，可是偏偏許多七、八十歲的老年人，其智力及創造力遠勝於千萬人。筆者曾參觀愛迪生的墓園，有一墓碑是這樣寫的：「這兒安息了一位三年級的學生，他憑著智力與不斷的努力，改變了人類歷史。」

　　的確，智力是上天給我們最大的禮物，可是智力是有賴於我們大腦不斷的鍛練，尤其是對年長的老人來說。

　　智力是多元的，最近受到學術界極大震撼的所謂社會智商（social intelligence），因多論及個體乃至老年人的社會關係與人際溝通，應屬於老年社會學範圍，茲不另贅。

　　最後，本章論及老人的營養與智力關係，也值得參考。

 進一步的問題...

一、何以說老人的腦力應該沒有退化，卻的確有不少老年人幾近癡呆？

二、對於那麼多年過古稀，甚至八十多歲的老年人，有的窮一生心力進行研究創作，有的名垂千古，你有何感想？

三、對於阿茲海默症（AD）你認識多少？

第七章
老人的學習、記憶

　　學習與記憶有賴於以時間爲基礎的歷程，以便將認知系統內之資料予以轉移。記憶將所已經學習的資料或技能，加以儲存及提取檢索。但是學習和記憶兩過程是很難分開的，因爲人們不運用記憶則無法進行延續性的學習，以展現其結果，而記憶則需透過學習才能充實其內涵。

　　許多學者都認爲一般老年人，在獲得、儲存與提取資料的能力，是隨著年齡的增加而遞減，尤其是在推理與記憶方面。但是消退的情況，實際上不是非常明顯。

　　本章將就學習與記憶有關衰退的問題，分別加以申述。

第一節　老人的學習

　　我們對於老人在老化階段的學習，眞是所知有限，因爲學習是個體看不見的進行過程，我們只能透過觀察老人行爲是否改變而得知。如果個體沒有出現任何學習的成果，我們實在不知道他們實際學習狀況。縱使行爲是改變了，除非我們排除其他足以影響其所表現的各種因素，諸如疲倦、藥物或者內外在的動機，我們實在無從確定其所表現的改變，是由於學習的結果。同樣地，一個人表現了某種情況的遺忘，也不見得一定是眞的遺忘，可能只是他缺乏某種動機，或者由於過度的疲倦，對學習表現出負面的情況。因此研究學者乃設計了一些機械性的學習技能，逐步地觀察老年人在不同過程中的表現，以求瞭解老年人在此一過程中的行爲是否有所改變，改變了多少，同時造成這些改變的因素又是多少。

　　因此，一些學者乃設計了若干實驗，以探討與年輕人相較，老年人的學習狀況是否有著某種程度的差異。

一、傳統制約式的學習

制約式的學習，應該可以說是最單純的學習方式，尤其是傳統式的制約學習。

Solomon等人（1999）進行了聲音、光和個體眼睛眨眼動作的實驗，邀請了十八歲到八十五歲的參加者，各坐在一張很舒適的椅子上，實驗者爬上一張高椅上，在敲打一個聲音的時候，就有一陣風吹起，強烈的光也照射到這些實驗的對象，逼得他們要眨一下眼睛。過幾秒鐘後，鈴聲還響，風可不吹，光也不亮，可是這些實驗對象聽到鈴聲還是繼續地受到制約的反應，不斷地眨眼睛，證明了他們已受到制約的反應。不過年齡的差距，顯示了他們反應不同。年長者中，百分之三十五在鈴聲不響五至十五秒之間，仍有眨眼睛之舉動，而百分之五十以上的年輕人則早已不受外在的影響，停止了眨眼之動作。

實驗者的結論是老年人的視覺、聽覺與眼睛的反應，似乎都需要比較長一點的時間，而年輕人一般的反應都比較快，停止接受外界刺激的時間也比較快。同時，也以這樣的一個結論，推論老年人學習能力下降的可能性似乎與所接觸的感官效能有關。

二、操作制約式的學習

在操作制約式的學習中，老人不論做什麼事，如果都可以得到一些獎勵或肯定的話，學習一些新事務的動機有相當明顯的增強。而這種增強的效果，似乎不分老年人年齡的高低。

實驗證明一位年齡已達九十的安養院老人，一向依賴照顧者為他沐浴更衣，在心理師不斷鼓勵下，從勉強自己進入浴池，到他

自願洗浴後更衣，更進而常常吵著要去洗浴，可見操作制約的具體成效。

　　另一個證明是八十二歲心臟有毛病的婦人，習慣上早晨不肯起床，一天裏都不肯運動，有時甚至拒絕服藥，在心理師應用操作式制約的學習之後，在不斷增強之下，一切有了明顯的改變，而且奇妙的是她的若干病狀都有明顯進步。

三、老人的語文學習

　　當實驗者進行老人語言學習的研究時，首先探討的是老人在背誦默記方面的學習情形。

　　實驗者通常在螢幕上，展現配對式或連貫式的文字，要老人在觀看之後，就記憶之所得，在答案紙上寫出答案。同時，也邀請若干年輕人一起參加。

　　結果發現老人語文學習能力，隨年齡的增加而遞減。在螢幕上的文字出現重複兩次之後，一般老人平均只記得其中百分之四十，但是年輕人卻可能記得百分之七十左右。有趣的是實驗者要求老人熟記這些字句，一個月之後重新加以測驗的時候，發現大部分老人所表現的，並不比年輕人來得遜色。

　　同時，他們還發現這些老人中，教育水準愈高，其所表現愈優，甚至優過僅受中等教育程度的年輕人。

四、老人的技能學習

　　今日職場上許多的工作所需的技能，大多是他們在學校時所未曾學習到的。對中年以後，尤其五、六十歲仍在工作世界打拼的長者，在現實考驗下，就不得不爭取一些在職技能學習的機會。問

題是他們在技能學習的能力，是否會隨年齡的增長而遞減。

　　事實證明老人在接受新的認知學習上，是不比年輕人來得遜色，尤其是在問題解決、推理思考以及其他科學新知學習方面，有時反而優於一般年輕人。

　　但是，在技能學習方面又如何？

　　一九八七年，一批學者進行了一次大規模電腦新式文字學習技巧的實驗。參加實驗者均為中學畢業並在社區學院接受一年以上教育的專業打字員，同時對電腦的運作已有相當基礎，年齡自二十餘至六十餘的婦女。

　　在連續接受七次專業課程之後，測驗的結果，顯示年長的婦女，作答的時間較長，年齡越大者所花的時間越長。固然答案正確的程度與錯誤更正的比例，並不比年輕人來得遜色。

　　他們的具體結論是：在技能學習方面，老人並不見得有什麼困難，推翻了一般人所說「老狗學不會新把戲」的諺語。只不過他們所需要接受學習的時間可能比較久，此種情況顯示於年齡之間的差異。

　　綜觀上述認知或技能學習的結果，似乎證明老人的學習能力不是很大的問題，主要的癥結還在於注意力與動機。

 # 第二節　老人的記憶力

　　不少年長的老人都常常埋怨，他們老是忘東忘西，感嘆著記憶力大不如前。許多人的印象中，老人是精明的少，糊塗的多。

　　事實上，根據美國健康統計於一九八八年所公布的資料，顯示在所調查的一千五百名五十五歲以上的長者，自己認為記憶力大

不如前的，僅占百分之十五。在八十五歲以上老年人之中，都不認
為記憶力有什麼大問題，而只覺得有些時候是會遺忘一些事物。

究竟記憶力是什麼？

根據《張氏心理學辭典》的解釋，記憶有以下三種的涵義：

1. 指引起個體反應的刺激、事件、印象、意見等消失之後，個
   體仍能保留原反應的心理功能。
2. 指對內在的心理結構或大腦生理功能中，假設的一種儲存訊
   息的系統。
3. 指個體在環境中，為適應生存需要而對某些訊息予以收錄、
   儲存以便隨時使用的處理歷程。

根據心理學家的研究，記憶是一個相當複雜的歷程。它始自
對外界各種刺激的感受，舉凡眼之所見（文字、圖形、人物、影
像）、耳之所聞（音符、會話、廣播）、皮膚之所感（冷、熱、
痛、壓等），繼以開始注意，再繼以排除過濾一些刺激，而集中其
注意力，讓想要進一步注意的訊息，進入短期記憶的窗口。

所謂短期記憶，指保持極短時間的記憶。在短期記憶中的素
材，可能是電光石火一縱即逝，對個體而言毫無印象；也可能因為
引發了個體的興趣，選擇其中某些事項，透過有限通道，送入長期
記憶。短期記憶成了長期記憶前奏，**圖7-1**可供參考。

圖7-1　記憶系統圖

資料來源：Perlmutter & Hall(1992), *Adult Development and Aging*, p.223.

此一系統代表了記憶的兩個層面：能量與內涵。內涵中包括文字、世界知識與處理後的知識。

長期記憶又稱為次級記憶，以別於短期記憶。它是相對性的恆久與較大能量的儲存。在某種程度來說，它是往事的部分呈現。要使得個體記憶長久，這些儲存於倉庫中的資訊，必須有規則地經由適度的學習，然後加以儲存，再然後或者善於保存或者予以排除。

許多研究都證實老年人在接受短期記憶過程中，並無明顯的困難，問題卻在長期記憶方面。值得注意的是這些困難的癥結是在於注入的過程，還是儲存的過程，或者是從記憶中提取訊息以便應用的過程，還有待進一步研究。

想要解答究竟癥結之何在，有一種研究乃設計排除多項記憶的層面，僅留某一研究之單項，從以測驗年長者與年輕人在這一層面的反應，結果發現年長者在儲存與提取訊息方面，都有明顯的困難，包括素材的選擇，資料的彙整與提取。

張鐘汝、范明林更具體指出老年人記憶力的特點：

1.意義識記尚可，機械識記有所衰退：老年人對自己所理解的材料的記憶與青年人幾乎相近，而對自己不理解的材料或無意義聯繫的材料的記憶卻不如年輕人，尤其是數字方面的記憶力衰退比推理記憶力和字詞運用的能力來得大。不靠語言的智力活動的衰退比需要依靠語言來理解的智力活動的衰退要大。

2.在限定時間內的速度記憶衰退：實驗證實，倘若要求老年人和年輕人一樣，在限定的時間完成某項識記的任務，老年人的效果就不如年輕人。這可能是由於神經的生理反應隨著年老而減慢，致使年老人的記憶和動作反應也相應遲緩。

3.再認能力不如青少年：再認是記憶的基本歷程，指的是過去

感知事物的重新出現在眼前時，可予以辨認。國內心理學者在運用具體圖形、抽象圖形和文字三種材料，進行再認實驗時發現，老年人再認能力在各年齡階段中，平均數最差。

4.老年人在短期記憶方面表現較好：老年人對剛才發生的事與物，或者才閱讀過的資料，可以馬上複述，這一點與年輕人幾乎沒有明顯的差別。但是，如果事過境遷，要老年人予以複述，結果顯示其正確性就明顯地不如年輕人。尤其是年齡愈大的老年人，表現更差。最近心理學者所主張老年人學習的「新近律」，就在於新近發生事物識記的正確回憶度較高的情況。

第三節　老人的注意力

所謂注意，按《張氏心理學辭典》的解釋，指個體對情境中的眾多刺激，只選擇其中一個或一部分去反應，並從而獲得知覺經驗的心理活動。

當個體集中注意時，對選定而注意的刺激可以獲得清楚的知覺，對注意之外的刺激，則模糊不清，出現視而不見或聽而不聞的現象。

如果一位老年人對於所要學習的事物，不能集中其注意力，他恐怕就不可能獲得任何學習的效果。對於手邊所要集中注意的注意力，指為實質注意（substance attention），那是學習最重要的一方面。當他們從許多刺激中，選擇了一重要項目，就稱為選擇注意（selective attention）；如果同時選擇兩項或多項事物，就稱為分散注意（divided attention）；而在兩項事物中選擇了一項而不去注

意另外一項的注意力，又稱爲轉變的注意（switch attention）。

　　雖然說老年人在集中注意力方面，不如一般年輕人，但是他們一旦集中他們的注意力，其具體表現似乎不比年輕人爲差。在任何年齡群中的個體，其所表現注意力，都有逐漸減弱的趨勢，年長者並不見得快過年輕人。

　　在選擇性刺激的注意力方面，研究者發現年長者要在兩項事務上，選擇其中一項時所花的時間較長，但是正確性卻較爲正確。可是要在許多項選擇其一，即難度又較爲複雜時，老年人之反應就明顯地較年輕人爲慢。年齡愈大，其差別也就愈大。

　　研究者同時發現，老年人要在同一時間進行的許多項目中選擇一項的時候，他們所需要的時間也就愈多，尤其是所選擇的事項性質較爲複雜的時候。

　　事實上，注意力本身就是相當複雜的過程，包括了不同層面的功能：敏捷的感覺、警覺，注意力的幅度，選擇歷程的信號，以及如何準備展開接受此一刺激的歷程。這些功能決定那些資訊加以接受，以及接受的程度。

　　縱然老人從接受刺激到反應的時間因個人而異，大致上，他們所花的時間卻比較長。

　　張春興以爲影響注意的因素極爲複雜，但其中有兩種最爲重要：其一是個體的動機或需求，在有動機、有需求的情況，會對滿足的目的物特別注意。其二是刺激本身的特微，如刺激的強度較強、變化較大，以及獨特性較明顯，均將特別引人注意。

　　王克先也指出老年人的注意力易受成就動機、求知動機與好奇動機的影響。如果在學習過程有機會獲得成功的滿足，給予實際參與的可能，將大大有助於老年人注意力的引起與維持。

　　同時，老年人在工作一段時間之後，容易疲勞，因而較長時間的學習，將使老年人因爲倦態而導致注意力的渙散。此外，老年

人對於其所已有之學習內涵，容易感到興趣，注意力也容易引發。對其所已有之學習經驗，印象比較深刻，也容易對舊經驗類似的刺激，較有進一步的學習意願，注意力當然比較集中，注意持續的時間也較爲長久。

 ## 第四節　如何增進老人的記憶力

坊間不少教育心理學的專著，都提出一些增進記憶的策略或加強學習效果的方法，都值得參考。

本節特介紹《聯合報》民國九十五年十二月二十一日的專文報載，以供讀者參考。

該報導標題是「銀髮族動動腦，記憶多用五年」，引用的是美國學者最新的一系列研究的成果，證實老年人多動腦，接受短期腦力訓練，可以增進記憶與推理能力，效果最少可維持五年。

同時根據美聯社二○○六年十二月十九日報導，美國賓州州立大學心理學家雪莉・魏里斯等學者在最新一期《美國醫學會期刊》發表研究報告指出，七十三歲以上的高齡人士，只要參加十次每次約一小時的動腦訓練，利用購物清單，公車時刻表與電腦加強組織分類與記憶推理的技巧，他們在訓練時增加的腦力至少可以維持五年。

任職美國國家老化研究院、負責認知老化研究的傑夫・伊利亞斯說：魏里斯團隊的研究，是有史以來學界對「腦力用進衰退」假設最嚴格的檢驗。

魏里斯的研究團隊接觸了美國巴爾的摩、波士頓、底特律等六個城市近三千名男女銀髮族，其中以白人最多，黑人占五分之

一。受測者先分組接受爲期六週的腦力訓練課程，增強記憶、推理與快速反應的技巧。

接受過快速反應技巧訓練的老人當中，腦力測驗分數顯著提高者近九成。受過推理測驗的老人，推理能力提高者達百分之七十四。研究報告指出，大部分受測老人仍能保持相當敏捷的腦力，而那些曾參與時間較短的溫習課程的老人，思考反應能力更有顯著進步。

美國北卡羅萊納大學老化專家雪瑞‧齊瑪曼說：雖然魏里斯的研究並未證明腦力訓練能夠防止心智老化，至少證明短期少量的認知訓練是有效的。

《聯合報》二〇〇六年十二月二十一日同時也報導了英國《獨立報》的專欄提出的一些論調，過去實驗已發現，兒童學習音樂或語言會促進腦部訓練，成年人的腦部也會因特殊需要而生長。倫敦大學學院研究人員曾對三十五位倫敦計程車和公車司機的腦部進掃描，比較結果發現所有計程車司機腦部掌管記憶的腦細胞都比較多，這是因爲計程車司機要記住倫敦兩萬五千條街的街名和所有觀光景點的方位，而公車司機只需記得固定路線。

二〇〇七年元月二十五日《聯合報》精選了《紐約時報》標題爲「頭腦的體操，延緩老化的希望」（Exercises for the Brain, and Hopes of Delayed Aging）的專文報導，其中對如何加強頭腦體操，以促進學習與記憶，有很深的探討。同時，以許多失智者的遲緩腦力惡化的實例，作爲證明。

事實上，美國這幾年腦部健康的活動，已引起全民的注意，也提供了老人對於記憶力增強的一線希望。「健康頭腦」的食物與老人頭腦健康操的招牌也到處可見。他們的口號是頭腦體操不見得馬上遏制老化，但至少延緩了老化的腳步，也大大地受到大家的肯定。

 ## 第五節　結語

　　「學而時習之，不亦樂乎」，的確學習是一種樂趣，學習的過程已足以引發人們的興趣，學習的結果，更將帶來美好的成就感。

　　有人說，老人是無法學到什麼的，俗諺所說老狗學不會新把戲，其實不然。許多研究都指出老年人雖然因為注意力不太容易集中，學習動機也比較不怎麼熱切，可是只要學習的素材較有挑戰性與實用性，而學習的方法也能把握學科學習的特質，也一樣會獲得若干具體的成果，只不過所花的時間比較可能稍為長一些。

　　記憶力與注意力之間有密切的相關，與當時的刺激強度，更有很大的關係。難忘的初戀情人，就因為那是初戀，震撼度當然比較大，其後如有機會二戀、三戀，恐怕就比較容易淡化那些影子了。

　　如果能提高老年人在學習的時候的注意力，就可以增進他的記憶力，從而增進了他的學習效果，達到了學習的真正目的。

進一步的問題...

一、學為什麼要時習？試略述個人在學習一新的科學新知的心路歷程。

二、試略述短期記憶與長期記憶之關係。

三、老年人真的學習有困難嗎？請提出你正反的看法。

第八章
老人的人格

　　也許在研究成人和老人諸多的心理學領域中，最引起人家興趣的是有關人格的問題。人格的涵義很廣，簡言之應該是指一個人所單獨具有的特質。

　　本章將就人格之本質與特質、相關之理論與有關老人人格問題，作深入分析。

 # 第一節　人格的涵義與特質

　　人格（personality）是心理學上最複雜的主題之一，它通常與性格、品格通用。

　　學者楊國樞以為人格是個體與其環境交互作用過程中所形成的一種獨特的身心組織，而此一變動緩慢的組織使個體於適應環境時，在需要、動機、興趣、態度、價值觀念、氣質、性向、外形及生理等方面各有不同於其他個體之處。

　　學者張春興則指人格為個體存在其生活環境中對人、對事、對己、對整體環境適應時，所顯示的獨特個性。此一獨特個性係由個體在其遺傳、環境、成熟、學習等因素交互作用下，表現於需求、動機、興趣、能力、性向、態度、氣質、價值觀念、生活習慣以及行動等身心各方面的特質所組成。

　　由楊國樞與張春興兩氏的解釋，可看出：

1.人格是個體與環境交互作用所組成。
2.人格的形成是獨特的，也是持久的。
3.人格決定了個體獨特的行為模式與身心特質。

　　所謂特質，廣義言之，凡是做為分辨人與人之間個別差異根

據的身心特徵，均可稱為特質，在心理學上指個體在行為上所表現的持久性人格特徵。

人格特質，如忠誠、羞怯或誠實，都可從個體外顯的行為予以展現。它通常是相當穩定，不受時間的轉變而轉變，同時也可以從而預測個體在某一情境中，所可能表現的言行。一個人如果通常是外向的、好社交活動的，恐怕不習慣於極為沉默而安靜的場合中。

特質的理論，乃基於許多人格的特質，在某種情形中是大家都可能的情況，至少在某種程度之下。每一個人或多或少的，都有他感性的一面，也可能有些習慣性地依賴他人，甚至喜歡挑剔、譏諷他人。

McCrae與Costa曾將人格特質分為五大模式，詳見**表8-1**。

這些層面也影響了個體選擇就業的趨向，更註定了個體在某一職場上是否順利，因為不同的行業可能要求於個體者不僅是工作的勝任與否，而是其基本的做人做事態度與個人之性向。

表8-1 人格特質五大模式

模式要素	具體表現
神經質	憂慮／平靜
	不安／安全
	自憐／自滿
外向	好社交／好寧靜
	好熱鬧／好獨處
開放	感情外露／感情內斂
	想像力豐富／墨守成規
	獨立／依附
	積極／保守
贊同	信賴／猜忌
	從眾／排斥他人意見
	溫順／粗暴
情緒穩定	遇事有條不紊／凌亂
	極度小心／極度粗率
	自制／自棄

譬如說一個極端外向的個體，就不適合於文書處理、會計財務或是工程設計的工作。相反地，公關事務、保險行銷，就不適合於極端內向的人。一個個性非常開放的人，適合於理論的探究與審美價值，卻未必對宗教教規、法律條文有怎樣的興趣。同時，個性開放的人，往往和高智商有關，通常不滿足於現狀，因而常常更換工作，在職位上也很難專精於某一事業上之發揮上，但是卻很適合於心理研究、心理分析或者牧師傳道。

另外一種透視人格特質的研究，是Norman Han與其同僚所提出的人格特質六分法。他們以為人格特質可從六方面予以觀察分析：自信／自憐；堅持／隨眾；認知的實踐；外向／內斂、依賴性、溫暖／敵視（Perlmutter & Hall, 1992）。

他們以為高度自信的個體，是靜心自得，對己對人都是謙恭有加，喜歡接納別人；相反地，一個自憐的人，往往較為神經質，怨天尤人，自己看不起自己，總認為就算我拼了命也不會贏，是一個標準的失敗主義者。一位好堅持自己意見的人，傾向於獨善其身，遇事果斷，但思慮不周，對生命各種挑戰，大多表示正面的態度，但很少徵求別人的看法。相反地，那些從來沒有自己的意見，從眾附和的人，卻經常遇事優柔寡斷，不斷逃避各種考驗，總以畏懼退怯的心情對付各種外在的情景。一位認知實踐的個體，傾向於創新求變，興趣廣泛，對於傳統之一切，多表示不屑一顧的態度。相反地，那些遇事輕忽，凡事不求三思，但求無過的個體，則不免於諸事不利、永遠失敗的命運。

一個外向的人，是樂觀的、進取的，他廣結人緣，總給人家以清新、可喜、達觀、溫暖的感覺。相反地，那些內向的人，難免讓人家覺得是不可親近、落落寡歡的印象。高度依賴性的個體，往往缺乏主見，難成大器。同時，一個給人溫暖感覺的個體，是充滿同情心的，喜歡助人，而且也不諱言自己的缺失，更不高估自己，

因此是一個人緣非常好的人，不但自己快樂，也讓人快樂。

行為有時是很難預測的，特質有時也可能以偏概全，兩者都可能受到不同情境與不同考驗，因而呈現不同的反應與表現。某些人可能在政治舞台上、社交場合中，長袖善舞、八面玲瓏，卻不一定是妻子心目中的好丈夫與子女心中的好父母。一個平常膽怯、小心翼翼的個體，卻可能在某種情境中，受到某種極大的刺激，展現了勇往直前、俠義如風的英雄行徑，證之歷史，不乏此種見證。

另外一種透視人格特質的方式，乃檢視個體的情緒、態度或者動機。就個體生活滿意度的衡量，多少可以看出他的人格特質。

Paul Cameron（1975）曾以六千名不同年齡的個體，作為研究對象，在分析過其中的年輕人、中年人以及老年人，在家庭、學校、工作與遊戲等各種表現與問卷之後，他的結論是不論個體年齡的多寡，都認為生活滿意度是他們最期待的目標，而決定生活是否滿意的因素，包括社經地位、性別以及目前生活的情境，與年齡高低無關。

從個體回答下列這些問題中，可看出他們人格特質的某些特質。譬如說：「整體而言，你認為現在很快樂？還不錯？有一點不快樂？完全不快樂？」或者「比起以前，你是快樂得多，或者不快樂？」

有一點值得注意的是在所有年齡組別中，大家都將健康視為生活中最主要的條件，尤其是在老年人這一組之中。只不過老人中的男性，認為金錢、社會地位、社會互動與婚姻關係都是決定生活是否滿意的前提。而女性老人則認為家庭、子女、社會關係應該是優先的順序。

Terman（1972）曾研究四千名老年人生活滿意度，結果見**圖 8-1**。

老人心理學

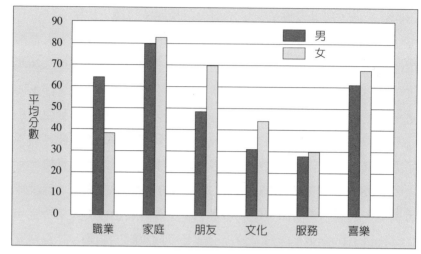

圖8-1　老人生活滿意度

資料來源：Perlmutter & Hall(1992), *Adult Development and Aging*, p.281.

由**圖8-1**可看出：

1.不論是老男人或是老女人，最滿意的是家庭生活的美滿；其
　次是喜樂的感受。
2.女性對友誼的愉快感覺，比男性來得高。
3.男性從職場上所得的快樂，遠高於女性。
4.女性對於文化有關的活動，較男性來得有興趣。
5.對社會服務的參與感，似乎男女都有待加強。

　　同時，從推孟的研究中也發現神經質的男性，比較不滿足也
不快樂。較外向的男性大多不但能怡然自得，而且還能樂於與人相
處，因此，生活滿意度最高。
　　更有趣味的發現是愈怕老的個體，幾乎對於生活的不同層面
都不滿意，結果是因為愈不快樂，就覺得老得較快。
　　可是，一個跨國的研究發現，並不是年齡愈大就愈不快樂。

生活的滿意與否，似乎與年齡無關。Butt和Beiger經過長期的觀察，發現在老年人中，生活最不滿意的一組，反而是五十五歲到六十五歲的早期老年人。感到最快樂的反而是年過七十五歲，身體仍甚健康，家庭與人際關係均甚和諧的一群老人（Boyd & Bee, 2006）。

當然，一個七十五歲的老人，他心中所認為的快樂，究竟和另一位五十五歲的中年人所說的快樂，有什麼相同或相異的地方，是有待進一步研究的。Schulz以為不論年齡高低，只要是人都期待生活中的快樂、愉快，只不過人與人之間有興趣之不同，所謂快樂的強度、深度與廣度也有差異而已（Boyd & Bee, 2006）。

Schulz還認為老人之中，雖有時飽受病痛之苦，甚至深受所愛伴侶喪亡之打擊，但是大多數仍能對生命秉持一貫正面之態度，力求自我適應。只不過年齡愈大，愈需要更多時間才能重新站起來。

 ## 第二節　早期老人人格之特質

參照Erickson的理論，六十五歲以上的個體已進入親密感對孤獨感的階段。所謂親密感，泛指參與一種深情與相互傾心，卻仍堅持自我的能力。親密的友伴可分享彼此的觀點、樂趣、感受乃至痛苦。甚至，彼此之間也可能達到相互依賴的程度。

Erickson認為早期的老人都需要一個以上最知心的朋友，可是它的前提是自我的認同感。那些在兒童、青少年期乃至中年時期，不能自我約束、自我激勵的個體，是不可能與他人建立正常的友誼，遑論親密的好友。

己立才能立人，一個身心不成熟，既不能自尊又不能尊人，

往往是六十至六十五歲，剛從職場退休或準備退休老年人的通病。理由是角色更換後，某一種失落感的作祟。其實，這時候正是他最需要親密朋友的時候。

正因爲個體得不到幾個知心的朋友，他就愈來愈感到被人家冷落、遺棄的孤獨感與疏離感。古人所說：「冠蓋滿京華，斯人獨憔悴」，正描寫了那種孤立的感受。

更值得我們注意的是個體的發展是延續，因此不愉快的老人早期的孤立感，往往是年過七十歲以後，更孤立於人際關係，永遠孤獨、寂寞的前奏曲。

Levinson（1990）則從另一角度分析生活的結構，它認爲人之一生，都在發展各階段所應有之角色。只有在解決各階段之衝突，方能均衡其內在之需求與外在之挑戰，而順利地踏上第二階層，迄至生命之終點。

相反地，個體如果不能完成某一階段之發展任務，就很難順利地、穩健地經由不同階段而進入嶄新的另一階段。Levinson並

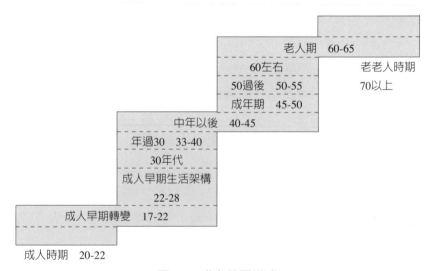

圖8-2　成人發展模式

資料來源：Boyd & Bee(2006), *Lifespan Development, 4th edition*, p.381.

以為個體在五十五至六十五歲之間，不能將各種挑戰加以一一克服，則進入老年期與老老年期，必有適應上的極大困難。

許多心理學家都指出依附、愛的人格特質，決定了婚姻是否美滿。中年以後，婚姻增進了個體的健康與家庭的幸福。不理想的婚姻，或離婚、獨居，對於一個人晚年生活，存在著極大負面的影響。

五十五至六十五歲之個體，也將是親子關係面臨最大轉變的時候。子女學業有成，事業發展有望，還是需要為人父母給予正面的支持與鼓舞。同樣地，子女克盡孝道，也是父母最大的安慰。

五十五至六十五歲之間，也是個體行將屆齡退休的時候，如何根據個己人格特質與過去經驗，善自規劃晚年以後的生活，也是這一階段老人所應該考慮的首務之急。

 ## 第三節　老年期的人格特質

六十五至七十五歲之間的個體，已進入Erickson理論中的第七階段，也就是生產（generativity）對停滯（stagnation）的階段。

根據Erickson的理論，所謂生產的原意，包括了對於下一世代關係建立之興趣，並加以積極引導的信心。它不僅對自己的子孫表現高度的熱愛，也對人家的子孫表示關切，正如我國〈禮運大同篇〉所說「幼吾幼，以及人之幼」的偉大胸襟。這一時期的老人，大都已經在職場上退休，因此較之中年男女或者剛步入五、六十歲的人，有更多的時間與精力投入實際照顧兒童與年輕人的行列。

還有更多女性，更年期已過，剛進入空巢期，在體力、心力上也就有更多發揮協助撫育年輕一代的愛心。更重要的是，這一時

期往往是夫妻關係最接近的時期，因為以往為子女之養育方式、家
用處理方式所造成意見相左的衝突，或者在彼此工作方式、生活方
式上的不同看法與做法，也大致定了型。夫妻之間都知道再有什麼
意氣之爭，才是真正的無聊。

　　更有趣的是，不少老年期的男女，在宗教活動、社交關係，
以及對社會服務的熱忱上，出現了大同之中的小異與小異之大
同。以社交關係來說，他（她）們有各自的朋友，彼此的社交網
（social network）愈來愈固定，也愈來愈小，形成了心連心的摯
友。同一個社交網成員，對內有很高的凝聚力，對外則有某種程度
的排他性。這一種情形，尤以女性為然。

　　在本書談到生活滿意度時，就提到女性對於因為擁有很好的
友誼而感到滿意的程度是遠高於男性的，就可見一般。

　　相反地，那些在此一階段中未能展現生產特質的老人，將愈
來愈停滯孤寂。他們的心靈是封閉的，眼光是狹窄的，所屬的世界
也愈來愈小，小到自己都覺得被世人所遺棄。他們老是以負面的思
維來看人、看事，更敏感於他人對他的態度，也因此自己不快樂，
更讓四周的人不快樂。

　　由於平均壽命之延長，老人之父母，所謂老老人也許仍在，
也許只不過八、九十歲而已。以六十幾歲的老人來說，上有高堂父
母，倒也不是少見，因此如何善自奉伺他們的上一代，也往往成為
自己也是老人的這一代，常常要多費思量的挑戰。

　　最近美國又出現了所謂「搖轉的門」（revolving door）的現
象，指不少老年人的子女，因為在外面「長安居大不易」，又回來
跟著老爸老媽一起生活的情形。尤其是年輕一代就業情形不理想，
自己的孩子又還小，因此回來再投靠老父老母的，似乎愈來愈多。
形成了老年人，上要關心老父、老母，下要照顧兒子、孫子女的四
代同堂，也許老父老母不住在一起，可還是心血相連的有趣畫面。

　　問題是老老年的父母，一定會再老，也難免身體狀況每況愈下，甚至有了癡呆、遲鈍、重病纏身的現象，身為老年人又不能不挑起長日、長年照顧的重責。久而久之，又造成了他們心身疲憊之後的憂鬱與焦慮。

　　總而言之，老年期的老人，往往較之其他階段的個體，需要更堅毅的性格與剛強的意志，才能負起更大承上啟下的重責。

 # 第四節　老老年期的人格特質

　　如果說，老年期代表的是人生的秋收季節，那七十五歲以後，也就應該是人生的寒冬時候了。

　　延續Erickson認為六十五至七十五歲應該是個體生產對停滯的階段，那七十五歲以上就是自我統整與絕望的時候。

　　所謂自我統整，開始於老年時期而完成於老老年人的年代。要達成自我的統整，個體必須完成以往各階段發展的任務，符應了以往那麼長歲月中的期望。當然，也面臨著生命終了之前所應完成的挑戰。

　　Erickson也假設著個體如果不能完成自我統整的任務，那就將絕望，甚至萬念俱灰地等待著親人的離散與死神的呼喚。因為在這時候，就是想亟圖有所改變，也可能為時已晚，只能感嘆時不我予。

　　這一階段，也是個體最成熟的日子。那些富於自我統整能力的老老人，知道他該走的路已經走過，該跑的路也都將達到盡頭，因此，對己是心安理得，不怨天、不怨命；對人則以爐火純青的修養，維持圓潤的人際關係。

如果這時候老伴還健在的話，應該是鶴髮紅顏，相看兩不厭的神仙歲月，過去的爭吵，反而成為長日長夜中笑談的主題，而對於未來也大多抱著更多的期待。

其實，回憶之中總是有著百般滋味在心頭。老老年人最喜歡的時刻，該是夕陽西下，華燈初上，拿著孩子從遠方捎來的訊息，回憶他們童年的純真，以及成長過程中的點點滴滴。然後，彼此訴說也許說過幾十遍的前塵往事。當然，還有看不厭的那麼多照片，更將他們的心緊緊地拴在一起。

就算是不幸地，親愛的老伴先走了一步，經過了那麼長的喪偶之痛，這一顆心定下來後知道總有一天會再相會，因此感傷之中，應該還有一絲絲的回憶是甜蜜的吧！

最怕的是人還不算太老，一顆心卻是已經死了。整日裏被往事不堪回首、往事只能回味兩股矛盾的心緒煎熬著，每天裏以淚洗面，生命也就被惡魔所噬食，這也說明了不少老老年人在另外一半先走之後，不到多久，就跟著撒手西歸的理由。

許多研究者也指出老老年期是一個人一生最睿智的時候。幾十年的素養，幾十年的精練，閱人無數，知己最深。歲月洗禮，稜角與豪氣，早就銷磨殆盡。繁華已逝，來日方長，自視自尊之心日切，因此風骨也就不凡。觀美國自雷根總統時代，到柯林頓總統時代，大法官之年齡幾都在七、八十歲之間，也就可知他們自許之深，與世人對他們期望之高。

其實，除了Erickson的理論之外，探討老年期人格問題與情緒經驗之學者，最著名的是Victor Frankl的意義治療法（Logothrapy）。Frankl強調人性之異於禽獸者有三：一、統合：人是由生理、心理、精神三方面需求滿足的交互作用所統合成的整體；二、自由：人有決定如何存在的自由，也就是說人有選擇的自由；三、責任：人既有選擇的自由，選擇之後，就應該對自己的行

為負責。

　　Frankl認為人有天生樂於為善的品質，更期待獨樂樂之後與眾同樂。他認為大多數的老年人，一方面體認生死乃屬於天命而不可違，一方面也覺得在有生之年，更應肯定自己，熱愛自己的子孫與人家的子孫。正因為自覺生命之苦短，就更覺得今日之可貴，明日之還可以大有所為。他也強調往事既難追，與其怨天尤人、坐困愁城，何不化悲傷為力量，趁著今天為自己也為別人，多獻上一些心力。老而堅強，才是老人應該表現的情操。

　　Erickson和Frankl兩者的理論，得到許多學者的普遍認同，並紛紛以各種研究予以證實。

　　Cross與Markus（1991）曾要求不同年齡的人們，列舉他們所最盼望實現的是什麼，以及最不喜歡看到的又是什麼。結果發現在老年人一組中的回答，表現了高度的自我肯定，也都大多數非常實際。相反地，年輕的一組則顯示許多至少在目前為止不能實現的夢。譬如說「馬上即可擁有許多令人羨慕的財富」、「在一切事情上都順利」。更有趣的是，他們最耽心害怕的居然是「老」與「死」。

　　Belsky（1989）則以另一角度切入Erickson與Frankl的研究，並予以實際的支持意見。

　　Ryff訪問了數以千計的中年人與老年人對於目前生活的感受，與心理上對於過去、今日與未來的看法。她發現在受訪者的心態有兩個極端而尖銳的對照。在年輕的中年人來說，一部分表現了極度的自信，同時對未來充滿了樂觀，另一部分則充分顯示挫折與焦慮。在開放式的題目之中，前者顯出某種程度的矜持和執著，後者則充分表達了懊惱和遲疑。同樣地，在年老一組中，也可看出年齡、文化水準和社經地位對他們的影響。年老一組中，年齡越輕（六十五至七十五歲）之間的一群，在表示某種自我接納與肯定之

餘，在開放式的問題中，對於未來的憧憬，還存在一些不大實際的意念。其中不少的反應是「如果再給我一個機會……」、「很遺憾的是還有很多該做的事，還沒有做，如果有機會東山再起，我必有另一番成就」；而在更年長的一組（七十五歲以上）的看法，卻認為目前一切已經讓人很滿足，世事如雲煙，且盡情享受今日的一切。在開放式的問題中，當他們被問到「你目前還想做些什麼」，或者說：「如果時光倒流，你最想做的是什麼？」大多數的回答是假如可能，我希望多活一段時光，看看這個世界，看看子孫的成就，看看這個進步中的社會。

也許，我們歸納前述幾個學者的結論如下：

老人的人格特質，受年齡與晚年生活型態的影響很大。似乎一個人年紀越大，越表現自我肯定與接納。

第五節　結語

人格是一個很容易混淆人家思想的一個名詞。一般人常以這個人的人格很高尚，或者那個人的人格有問題，來形容他的道德、行為。

心理學對人格的定義也有很多不同的界說。本章所引用的是國內心理學教科書所常引用的楊國樞與張春興的看法，以供參考。

沒有兩個人的人格特質是相似的。縱然是一對雙胞胎，秉承了幾乎一樣的先天稟賦，卻因為所面臨的對人、對事、對物的情境不可能完全相同，因此表現出來的各種反應也必然有所不同。

人格之特質有五大模式之學說，以及六分法之理論。這些特

質解釋了個體處事、待人、接物之所以有所不同。

　　老年期人格特質，按照Erickson的看法，又可分為早期老人、老人與老老人三個時期之差異，以及人格發展之延續性，值得吾人進一步思考。

進一步的問題...

一、一般人所說的「人格高超」或「人格卑污」，與心理學
　　所談論之人格特質，基本上其涵義有何異同？

二、每個人都有其不同人格特質，試略述其形成之原因。

三、人家都說老老年期是一個人人格最成熟的時期，試說出
　　你的看法。

第九章
老人的人際關係

　　人是社會動物，時時刻刻與家人、朋友、同事、同學發生某種的互動，古人所謂五倫：夫妻、父母、親子、君臣、朋友等關係，編織了一串串的社交圈子。近來社會學家所提出的社交三重圈，也顯示了人隨時隨地都生活在不同的社交圈子中（見**圖9-1**）。

　　年齡愈大，我們所受到社交三重圈的影響愈大。尤其是老人要想過得幸福與快樂，更需要老伴、老友以及健康的身體、美滿的親子關係。本章將就分加以申論。

第一節　老伴之愛

　　歲月不居，夫妻兩人昔日的濃情蜜意，柔情萬千，依稀猶在眼前，卻已是結婚多年。看孩子不斷成長到各奔前程，才驀然警醒，已進入老年，接近生命中的黃昏。

　　與另一半同行這麼多年，談到婚姻的滿意度，從新婚燕爾經育兒、立業時期，似乎是每況愈下，好不容易經過最低落的中年時期，到達了鶴髮時期才逐漸升高，如何確保白首之偕老，好像還需要一番關係的調整（**圖9-2**）。

圖9-1　社交三重圈

資料來源：彭駕騂（1999），《老人學》，頁242。

144

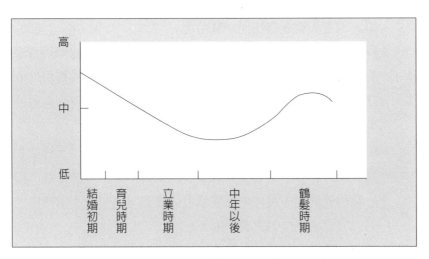

圖9-2　自結婚初期至鶴髮期結婚滿意度曲線圖

資料來源：Stephen R. Jorgensen(1986), *Marriage and the Family*, p.418.

夫妻婚姻關係調適的幾個重要方式包括：

1.維繫感情：四十多歲以後，父母不可能把一切希望，完全寄託在兒女身上，也不可能終日待在家裏，等待孩子們奉養。由於家庭的快樂和婚姻的美滿與否、妻子占了決定性的角色，以及婚姻生活是充實或枯燥，瀕臨婚姻低潮的夫妻關係，能否走過幽谷，也是大多要靠女方來決定。因此，身為妻子應該一方面好好檢討婚姻關係，甚至注意婚姻的紅燈；另一面就要謀求夫妻之間的互相慰藉，維持美好的生活，多方促進丈夫的活力等等。

一般男人都希望自己受到妻子周全、至高的關懷與照顧，卻不希望自己成為妻子生活上唯一的寄託。

在維繫、增進中年夫妻感情上，並沒有成規可循，每對夫妻的情況也完全不一樣。因此，任何專家學者也沒有能力提供一個具體可行的辦法，足以適合任何一對夫妻、任何一個家

庭，或者能夠適合任何一種情況。

2. 重視對方的存在價值：但是，有一點是可以放諸四海而皆準的，那就是每個人都重視自己的存在價值。假如他覺得他的存在，對某個人的存在，有著絕大的價值，就會感到自己的生命與存在是有很高的意義。

　　中年以後的夫妻，如果不特別強調對方的價值，以及彼此相互依賴的意義，就會感到人生了無情趣，生活毫無意義。這一點也就說明了為什麼恩愛到老的夫妻，有一方不幸死亡，另一方也活不久的主要原因。

3. 興趣、嗜好的交流：中年夫妻的關係，也許會因為彼此在同一屋簷下，已經共同生活了這麼多年，一舉一動乃至一顰一笑，都缺少一些新鮮感。可是還得要儘量適應對方，不要以為小善而不肯去做，雖然做不到百分百，但總應盡心盡力。

　　每一位有作為的男人，最有興趣的是他所從事的職業、事業或研究。假如做妻子的多關心丈夫所在做的事，多瞭解、多學習，甚至必要時候多方參與，都將讓他感到更高的成就感，也更覺得生命中不能沒有她。無論何時何地，多對丈夫表示由衷地以他為榮，隨時分享他的喜悅，就會讓他快樂稱心，妻子自己也會愉快高興。因為妻子的關懷，將使他更感到工作的意義與家庭的美好。

　　多為自己保留一些生活的空間，也讓對方擁有自己的一片天地。千萬不要勉強對方接受你的興趣。何不各人從事自己的興趣與活動？

4. 避免緊張的生活：中年以後，儘可能避免生活的過於緊張。瑣碎的家務，可以請人代勞，也就不必親自動手，徒添不必要煩惱。不要自己或伴侶在體力和精神上過分透支，將大大有助於雙方壽命的延長！

近年來，中年以上男性因工作情緒緊張而導致高血壓、胃潰瘍者很多，而婦女們，尤其雙重生涯的婦女們，也因為壓力增大、情緒緊張，導致了許多心跳過快、血壓升高、消化不良、頭痛、便秘等等症狀，都應該透過彼此相互的照顧而獲得最好的養生之道。

5. 加強溝通：加強雙方溝通，表達心中永恆的情愛，更有其絕對的必要。中國人一向很含蓄，不願流露內心深處的真正感情，尤其是覺得老夫老妻之間，不需要外國的那一套情愛的表示方式。殊不知，越是年華日大，子女不在身邊，故舊好友多有不同際遇，各處一方，心靈的寂寞，也只有仰賴夫妻之中，從相敬如賓，進而謀求永恆的靈肉之愛！

最後，請記得那一句名言：「笑一笑，少一少，愁一愁，白了頭。」請以快樂的心情，豁達的人生觀，與他（她）共勉，好讓老化的腳步因而遲緩下來。

話說回來，儘管我們知道如何調適危機，老邁的日子還是會來。事實上，就算目前夫妻倆都很健康，也總有一天，不得不承認：「親愛的，我們都老了！」

不過也許可以說，老年夫妻還是非常幸福的。銀婚、金婚之後，身邊還有一個他（她），比起許多「千回我獨行，長夜非與共」的人，該有很多理由感謝身邊的另外一半。

我們都是凡人，本來就是一無所有地來到這個世界，如今，不能說毫無所有吧！因為至少還有一個老伴，還有一個家，還有許多親人。

「人生休說苦痛，聚散匆匆莫牽掛」，過去所努力的可能是追逐浮名、虛利，到了老年之時，好好珍惜這一段日子吧！別讓它又蹉跎，徒留更多悔恨。

第二節　親子之情

　　家庭對於一個人的影響，隨著年齡的不同而有所不同。童年時，子女對父母的依戀，往往是爲人父母最大的喜樂源泉。雖然子女們在長大之後與家庭的關係已漸漸疏遠，父母牽掛之心則無時無刻或減，子女有時與父母保持某種聯繫，也常是父母莫大的安慰。即使父母本身年紀逐漸老邁，退出了工作世界又回到以往的家，靠近子女的家，一般來說，親子之情只有比以前更濃厚，因爲可以互動的時間是比以前來得多。老年人與子女、家人的關係，通常決定了老年人心理是否健康，以及個己對生活的滿意度的高低。

　　由於社會之急遽變遷，希望子女晨昏都來請安問好的時代，早已隨風飄逝。顯然地，今日的家庭型態，愈來愈接近完全雙薪家庭的結構，要子女、兒媳放下日常的工作與家務來經常伴父母，是有實際的困難。這一點，身爲父母者應該多所體諒。倒過來，我們也大聲疾呼爲人子女者，也應力求在可能情況下保持與父母的更多聯繫。

　　親子之情如何加強聯繫，與父母及子女之不同家庭型態有關。子女年齡三十五歲以下與父母一起居住者之比例不斷增加（由16%逐漸上升至25%左右），這似乎意味著子女年齡層在三十五歲以下者，由於其第三代的年齡尚幼，夫妻都需要工作，因此由第一代的父母充當保母與管家角色，故與年老父母同住的比例增加。親子之情該是最理想的，第一代又可享含飴弄孫之樂。子女年齡在三十五至五十四歲之間與父母居住之比例，則有逐年減少之趨勢（由77%降至70%左右）。

　　可惜的是，現代社會子女過分忙碌於事業與個己生活的結果，就算想常對父母晨昏定省也常感心有餘而力不足，不能多表達一些心意。

　　美國曾進行一項全國性之研究，對象是一萬一千名六十五歲以上之老人，問他們多久時間見一次子女，回答是其中63%每週與子女見一次面，16%每月見一次面，另外20%是一個月見不到一次面。雖然美國交通很便利，父母與子女所住的地方也相距不遠，可是見面機會不多，也顯示了親子之情的有待加強。

　　另一項全美國之研究，是關於子女是否參與了父母家務的處理與財務的支援。美國家庭與家務調查委員會發現在其所訪問一萬五千名六十五歲以上，至少有一名子女的老人中，52%是經常有子女來到家裏幫忙家務，另有21%得到至少一名兒女之經濟支援（Benjamin, 1997）。

　　當這一萬五千名老人被問道，他們最開心的是什麼（多項選擇）？其中70%提到自己很健康，20%提到子女來拜訪時，8%提到參加了親友所安排的活動。

　　《聯合報》民國九十五年十二月三十一日A6版，提到與不同的人互動時的快樂指數，自己的小孩高居第三位（**表9-1**）。

　　這項指數並沒有指明年齡層的反應，但當可類推老年人之心態應該沒有太大的不同。

　　國內類似這方面的研究很少，但筆者曾多次訪問位於淡水的潤福新邨及位於木柵政大附中附近的兆如新邨。這兩處的居民大多屬於中產階級以上，還能照顧自己的老人，談到他們對於目前的衣、食、育、樂方面，他們大多感到相當滿意，唯有對子女忙於工作（甚至遠在國外），流露出幾許無奈與岑寂。至於筆者居所不遠的安康社區以及仙跡岩當年的眷舍中的獨居老人，寂寞晚境，則令人深表同情。他們大多數都有子女，甚至孫子女，但是卻隻身自謀

表9-1　與不同的人互動時的快樂指數

互動的對象	平均快樂指數	每日平均時數
朋友	3.7	2.6
親戚	3.4	1.0
配偶／同伴	3.3	2.7
自己的小孩	3.3	2.3
客戶／顧客	2.8	4.5
同事	2.8	5.7
獨處	2.7	3.4
老闆	2.4	2.4

資料來源：英國經濟學者萊亞德著《快樂經濟學》。卡尼曼2004年研究。

生計，健康者尚可自得其樂，一旦病魔纏身，則悽涼可知。

　　奉勸天下子女，對年長父母應該在一般親情之外，表現更大孝心。同時，也建議年長父母，如果身體健康允許，經濟狀況還可以維持自己的生活，應該多到子女家中走動走動，必要時，先伸出親情之手，拉拔子女或子女之子女，謀求更大互動，才不至於老是只生活在自己的斗室之中。

 ## 第三節　朋友之誼

　　人人都需要朋友，尤其是老年人。

　　美國前總統卡特曾說：要享受幸福老年生活，有兩個基本前提：一是積極地、不斷地參加各種活動，一是跟別人保持密切的關係，可見老年人也需要廣結人緣。

　　由於老年人的朋友，大都來自同輩或年齡相近的人士，而且是多年的深交，因此彼此之間的凝聚力，甚至比一個人的遠親近鄰都來得強。雖然說朋友的數目，可能隨著年齡的增長、死亡重病，

乃至遠遷他鄉而逐漸減少，但是朋友之誼，卻反而加深。

　　很多的例證都指出朋友之間的情誼對於老年人生活滿意度的提升，以及自我價值的維繫，乃至寂寞的消除，都有非常深遠的影響。尤其是對喪偶的老年人，或是獨居已久者，心靈上的相互激勵，更是溫馨無比。

　　事實上，友誼提供了家庭成員所無法給予老年人的一些滿足他們需要的機會。發展心理學家認為真正友誼的可貴，在於彼此的分享，盡情的交換，這一點是親子關係所無法比擬的。加拿大心理學家Connid與Davis（1997）指出友誼是僅次於配偶間熱切的互相支持，當然遠勝過其他的家人。

　　建立並維持良好的友誼，是讓大多數退休族產生新的歸屬感，進而維持良好的社會關係的關鍵。許多研究更指出那些擁有許多朋友真情友誼的老人，身心都比較健康而長壽。相反地，老是封閉自己心靈的老人早逝機會比較大。

　　想想看，那些「談笑有鴻儒，往來無白丁」，相共剪燭西窗下，談往事，訴今朝，一起編織未來的夢，是多麼令人神往的鏡頭。

　　如果再進一步，與三五知己，盡情分享心靈上最深層的想法、喜樂、煩憂，乃至不安與焦慮，讓他們與你一起歡笑，一起沉思，幫你分析事理，探索解決問題的可能途徑，因為客觀的立場，為你參謀，總比你一個人獨自摸索來得有效得多。

　　可惜的是知音難求的天下之間，不乏泛泛之交，卻不見得知心之輩就在你的身邊。假如你一向不大注意廣結善緣，也不太在乎擴充人脈，甚至一向自認清高，不苟言笑，從不放下身段，那要想在退休後，被人接納，找到歸屬感，就可能是難之又難。更可怕的是你在職場上一向只注意自己的升遷名利，從不肯對同事表示適度的尊敬與關懷，退休後要想贏得人家的友誼，一種真正的友誼，幾

乎是完全不可能的事。退休族不可能從泛泛之交中，找到真摯的友誼，也不可能在有求於人的時候，卑躬作揖裏，得到朋友。孔子說過，「益者三友，友直、友諒、友多聞」，坦率直言的人，也許在某一個時候，在某種程度下，讓你覺得不舒服，可是卻實在是一個好朋友。處處為人著想，老是發揮最大同理心的人，才是真正的好朋友。友多聞，就可以為你精闢地分析事物，提供你寶貴的經驗與言，當然是一個值得深交的朋友。朋友貴精不貴多啊！

Ernie（2004）曾提出真正的朋友不會做的事，可供參考：

> 希望你的嗜好跟他們一模一樣。
>
> 想控制你的言行。
>
> 經常靠你提供經濟的幫助。
>
> 希望成為你的保護者。
>
> 在感情上十分依賴你。
>
> 總是贊成你的意見，或者希望你老是支持他的想法。
>
> 希望你放棄你的目標，來贊同、支持他的目標。
>
> 希望你把他當做唯一的朋友。
>
> 希望你多介紹一些朋友給他，他卻從不曾介紹朋友給你。
>
> 希望你多提供一些職場的訊息。
>
> 有事找他，他卻都沒有空。請吃飯，他是第一個到。

尤其是，許多老人家耳根軟，總希望人家盡說好話，有時候還喜歡占一點小便宜，因此在所謂「社交場合」被騙、上當機會很多，應該時加警惕。

事實上，好朋友是很難得的，尤其是知心的朋友。

退休族不但要努力維護友誼，還要善於結交新知。

筆者擔任張老師諮詢、督導工作多年，常聽人家向我們訴苦，「我好寂寞」、「我好孤獨」、「人家都不跟我做朋友」，我

的回答總是說：「你有沒有先打開心門，伸出你的手，敞開胸懷，希望人家接納你？」或者說：「先請你走下寶座，不要等著人家向你示好，你應該主動出擊。」

　　對老人家來說，最好找到新朋友的地方，應該是教會、某種社區大學、演講場所或是公益活動的地方，僅供參考。

　　所惋惜的是許多年長人士的友誼都維持得很短暫，其中緣由包括下列幾點：

1.個性的關係，有些年長人士一向比較自負，過去也的確有一些成就，因此比較孤芳自賞，不肯放下身段。每次與人家見面，總是只談過去的勳功偉蹟，很少關心到別人的感受，大家都是自說自話，友誼當然不容易長久。

2.更有一些人習於自我封閉，在社交場上總是對人冷漠有加，甚至覺得人家和我交往，一定有些什麼目的，勢必很難與對方達到開誠佈公的交談。

3.還有一些老年人，喜歡聽人家的隱私，譬如說，經濟狀況、婚姻情形、家人相處如何、兒媳女婿是否孝順等等，自然讓人家有了戒心，起了自我防衛的作用。

4.缺乏人際應有的互動，那些只想人家多關心他們，卻很吝惜付出對他人應有的關懷；那些從來不喜歡接納人家善意的建言，只偏好對別人加以諷刺批評；那些從來對人缺乏真誠，甚至口是心非，度量狹窄；以及那些凡事都漠不關心，只有在有求於人的時候，才肯與人家交往，請問，他在別人心中又怎麼會有良好的評價，又如何建立更深一層的互動？

5.最後一點，有時候老人家體力不支，經濟情況也不是太好，也是他們逐漸走出以往社交圈子的不得已理由，使得他們由一向積極進取的主動者，變成了臨陣退卻、凡事裹足不前的

被動者，久而久之，他固然有時也不甘心長此雌伏，卻只好隱退斗室中了！

 ## 第四節　回饋社會

這該是一個人人為我，我為人人的時代。

我們可曾想到這麼多年以來，有多少人曾經為我們服務？又為了讓我們生活過得更舒適、更安泰，提供了多少他們的心血、精力，甚至流汗、流血？

一絲一縷、一粥一飯，當思來處不易，飲水思源，是否你也該有時想想看，在榮退之後，為這個社會，為這個國家，繼續竭盡心力，奉獻你的智慧、經驗，甚至你所有的一切，與大家共同締造更好的明天。

別以為邁入老年，生命已步入黃昏，接近殘霞晚秋，又能做些什麼？看樣子，只能眼看急景凋年，馬齒日減，感嘆時之不予。

也許，我們或許的確是老了，可是那只是人生輪迴道上，不留人的歲月，在我們的身體上烙下了一些日增的痕跡，然而只要我們願意，我們還是可以為這社會做一些事的。

請看，大家所熟悉的孫叔叔孫越，雖然七十多歲了，身體一向也不太好（最近還為了肺癌而開刀），可是這麼多年來，還是不斷熱心公益，到處為眾人的福利而奔跑。

至少，我們可以更關心這社會，為那些鰥寡孤獨、處境堪憐的人們打開我們的心門，伸出友誼的手！老吾老，以及人之老；幼吾幼，以及人之幼，本是我國的傳統美德，我們何不積極地參與公益活動？以我們的財力、人力、愛心、誠意，到醫院，探望一些

也許不知名的病患，爲他們祝福，爲他們禱告，又將感動多少孤寂、脆弱的心靈？

或者，移駕到孤兒院、育幼院，爲那些不幸失去了原該擁有美好父母、家庭的兒童們，談談天，講一些故事，談談自己平生經歷以及所見所聞，這又將滋潤多少孩童的幼小心靈？

其實，許多小學、國中都迫切地需要一些愛心媽媽，協助整理學生的資料，幫忙照料孩子的生活，讓老師可以運用更多時間、精力，準備教材、教具，輔導他們的成長。

筆者負笈美國時，每逢校外教學，或進行教學實習，總是很感動地看到許多白髮蒼蒼卻精神奕奕的愛心爺爺、愛心奶奶在指揮路隊，在協助分組活動，在圖書館裏，在研究室中，甚至在福利社旁，幫助學生們學習、活動。那種慈祥又溫馨的鏡頭，到今天還是令人印象非常深刻。

《康健雜誌》好幾期都報導了一些在職場上打滾多年，卻感到無比厭倦的社會人士，毅然決然地退出，投入了社會義工的角色。各位熟悉的前財政部部長王建煊先生，隱退之後，除了擔任宇宙光終身的義工之外，還遠赴大陸，辦了幾所希望小學，眞讓人感佩。

其實，當我們走出自己，投入服務人群、回饋社會的時候，又何嘗不是華年再生的契機？至少我們將在人家的微笑、感恩的一瞥中，渾然忘了此身何處寄的感覺！也許，有很多原住民的小朋友，正在山水風景絕佳但是交通不怎麼方便的學校裏，等著歡迎我們：「××爺爺，你來啦！」也許，我們將因爲投入公益活動，再一次肯定了自己！

 ## 第五節　結語

　　人活著一天，就不可能孤立地生活在這個世上。他需要先學習自己跟自己做朋友，自己的良知與自己的情慾有很好的相處，才能己立立人，己達達人。孔子勉勵我們要交益友而避損友。

　　對一個老年人來說，擁有美滿的婚姻，朝夕有老伴相處該是人生最幸福的事。如何隨時充實老年夫妻之愛的內涵，將之不斷昇華，該是確保晚年生活更美滿的前提。

　　有兒孫相依，所謂含飴之樂，是多少老年人最快樂的時刻。可惜的是社會變遷的腳步過於快速，現實的考驗與職場的需求，使得親子關係無法像過去那些世代中的那麼親密。但願老年人能體恤子女因忙碌而無法多所照料他們的苦衷，而子女也能儘量排除萬難，多多表現應有孝心。

　　老年人是需要一些能夠傾心來往的朋友，彼此分享，彼此承擔愉悅與煩憂。請多注意如何結交新朋友，如何與老朋友更加融合相處，讓彼此的生活多一些彩虹。

　　回饋社會是達到助人為快樂之本的前提，其實這社會本來就是我為人人，人人為我的社會。

進一步的問題...

一、你有很多值得深交的朋友嗎？

二、當你看到一對鶴髮夫妻，雖然年華已老，還有那麼濃密
　　的情意，你有什麼祝福的話嗎？

三、你覺得現今世界最大的問題，是人不和、社會上充滿鉤
　　心鬥角嗎？又該如何化解？

第十章
老人的心理疾病與心理輔導

老人心理學

健康，是每一個生命給自己的承諾，健康更是生命裏每一天循環的開始。這是《康健雜誌》健康專刊的開場白。

當我們祝福所有年長人士長壽、快樂又健康的時候，別忘了還有數以萬計的老年人，既不健康也不快樂，而且還有不少心理的疾病。

在本書第四章，已經談到老人的健康世界，偏重的是生理健康的層面。本章將把心理疾病列為重點，同時就這些心理疾病的問題，談到輔導的策略。

 第一節　焦慮症及其心理輔導

不少老年人，尤其是女性老年人，患有某種程度的焦慮症。廣泛性焦慮症指沒有特別原因而長時間憂慮、緊張、沮喪、脾氣暴躁，有的老年人有下列部分症狀：

1.無法放鬆、睡不好、注意力不集中。
2.容易疲倦、胃口經常欠佳。
3.經常沒理由地頭痛。
4.容易緊張、發抖，甚至抽筋。
5.經常沒理由地感到驚嚇。
6.容易流汗、燥熱、口乾。

按其性質而言，焦慮可分為特質性與情境性焦慮兩種。前者為人格特質的一部分，具持久性；後者指焦慮反應因情境而異，具暫時性。

至於老年人的焦慮，除了對自己身體健康的擔心所引起之

外，通常與失落感有關。最常見的焦慮有下列三種：

第一種是擔心親人的健康狀況，尤其是擔心一旦多少年相依為命的老伴，如果比自己早逝，將如何活下去。

第二種是退休後，失去以往的社會資源與人際關係，角色轉換後，又將如何自處？

第三種是擔心退休後，晚年生活中各種的不如意，包括老病、經濟拮据、子女不孝、行動不便、居所條件不佳等等問題。

最嚴重的是連自己為什麼焦慮也不知道，只知道一天裏六神無主、耽心這個、煩惱那個，甚至變成了恐懼症，或者恐慌症與強迫症。整日裏，腦袋裏總是想著不愉快的事，甚至不斷地洗手、數東西、移動東西、做些重複性的某些動作，更可怕的是有暴力傾向與攻擊性的情緒與行為。相反地，有時卻沒有理由地退縮，對什麼都失去興趣。

焦慮症可能很輕微，也可能嚴重到使人失去一切的活力與興趣。《康健雜誌》引用許多專家的意見，認為遺傳加上不愉快的生活遭遇，是造成焦慮的一大原因。有些專家則認為，焦慮是從兒時或其他創傷學得的反應。最近的研究顯示，焦慮和生理變化有關，體內某些化學物質的變化，也可能造成焦慮和恐慌，還有一些學者認為是缺乏安全感。

針對焦慮症，除了使用藥物治療之外，心理輔導可以減少焦慮感。譬如說，傾訴患者心中的感受，祛除患者的不安全感；建議他找一些朋友聊聊心中的焦慮和情緒，以舒緩壓力；同時建議他簡化生活，別把自己弄得太忙，或者參加一些宗教活動，多做一些活動，都可能是有效的。

請看一則焦慮性的案例：

張先生是一個政府機構退休的基層公務人員，一家四口，因

為張太太勤儉治家，雖然兩個子女都在念私立大專院校，學雜費都不便宜，靠著退休金以及女兒在夜間兼了一份工作，一家經濟倒也過得溫飽無慮。只是張先生在最近情緒非常低落，一天到晚，既擔心張太太身體愈來愈差（前年剛開過小刀），又擔心女兒晚上下班回來太晚，更擔心兒子大學畢業就要服兵役，會不會被派到外島，吃得了兩年苦嗎？

最有意思的是看到國家經濟日走下坡，會不會有一天因為財政困難，發不出退休金，那日子又要怎麼過？張太太雖然經常告訴他，不要杞人憂天，可是，似乎效果不大，最近半個月張先生感冒咳嗽，久治不癒，又擔心自己是否有肺癌或是其他重病的前兆，人更瘦了，心更亂了，一天到晚愁眉苦臉，害得全家氣氛都完全不對了。

如果你是一個心理輔導人員，你該如何幫助他？

第二節 憂鬱症及其輔導

根據世界衛生組織（WHO）估計，全球目前有二到四億人口正為憂鬱症所苦。亞洲至少有五千萬的憂鬱症患者，台灣盛行率約為7.3％，約有一百五十萬人為憂鬱症所苦。預測到了公元二○二○年，憂鬱症將與心臟病、愛滋病並列為人類生活的三大殺手。

《張氏心理學辭典》將憂鬱症、抑鬱症、極度沮喪並列，認為乃憂鬱、悲痛、頹喪、消沉等多種不愉快情緒綜合而成的心理狀態。

張春興認為為抑鬱幾乎為所有精神疾病的共同特徵。按症狀的差異，它有輕重之分。輕性抑鬱多數人都有此經驗，諸如悲觀、

沉悶、生活缺乏情趣、做事無精打彩等情緒低潮，正常人也會遇到，因此，短暫的抑鬱並非病態。

　　但是，抑鬱症嚴重時，患者行為異於常人，不僅在心理上陷入悲傷、絕望、自責以及思想錯亂的地步，而且在生理上也出現食慾不振、頭痛、心悸、兩眼無神等症狀。

　　《基督教論壇報》九十五年十一月十日曾報導台灣女性罹患憂鬱症的機會是男性的二至三倍。根據流行病學研究調查，女性終身的憂鬱症罹患率高達20%至26%，是男性的二倍。由於女性經常面臨生活壓力，容易比男性沮喪，加上更年期心悸、臉潮紅、盜汗等不適症狀，是讓女性很「憂」的主因。

　　台北市立萬芳醫院精神科主任沈武典指出，焦慮症很容易合併產生憂鬱症。精神壓力常常會影響上班族（尤其是白領階層及社會地位高者）的神經傳導物質的正常運作，如腎上腺素、血清素、皮脂醇的分泌發生變化，進而導致情緒低落、憂鬱不安、極度倦怠等。

　　《天下雜誌》一九九八年健康專刊曾報導，憂鬱症之徵候與症狀如下：

1.持續地感到悲哀與沒理由的感傷。
2.常常感覺沒有價值、沒有用、充滿絕望和罪惡感。
3.缺乏對於工作、人際關係、飲食乃至性生活的興趣。
4.失眠有時又睡得過多。
5.健忘、注意力沒有辦法集中，無法做決定，連簡易的任務都沒有辦法達成。
6.體重不正常的減輕或加重。
7.經常想到死，常有自殺的念頭。
8.經常頭痛、胃痛，喜歡亂吃成藥。

其實我們可以補充的是：

1.經常感到空虛。

2.覺得一切都很冷酷、無助。

3.容易亂發脾氣。

有憂鬱症的老年人也可能會有記憶問題、社交退縮、思想混亂，甚至出現妄想和錯覺。

說到憂鬱症的類型，它主要分為：

重鬱症是一種持續時間超過兩三個禮拜的情緒混亂，症狀包括無法抑制的悲傷，和對平常能帶來喜樂的日常活動，突然間感到枯燥乏味。如果不加以治療，症狀可能延續到一年半載，甚至更長的時間。早期治療對防止病情的惡化和避免自殺的意念非常重要。

輕鬱症是一種較不嚴重的憂鬱症，雖然它的症狀引發的失能程度較低，但老年人患有此症者，仍有較高的危險性，會發展成重鬱症。

躁鬱症是雙向性的情感疾病，患有此症的人，憂鬱和躁症（過分興奮）兩種症狀會以一定的週期交替循環。患此症的病人可能會導致無法進行對人、事、物的正確判斷，導致行為問題，譬如好購買一些不必要的衣物，喜歡亂花錢，甚至喜怒無常。

季節性情緒障礙（seasonal affective disorders，簡稱SAD）是一種會在冬天來臨、白晝變短時，困擾一些人的憂鬱症。原因是冬季接觸的日光量較少，會影響腦部血清素（serotonin，一種控制情緒的荷爾蒙）的濃度。

沈武典指出，有40%的憂鬱症患者有輕生或自殺的念頭，10-15%患者因自殺而死亡。不過他強調，憂鬱症是可以察覺的。如果能夠找到原因，更可經由專業協助和治療得到改善。

《天下雜誌》一九九八健康專刊指出，憂鬱症的病因、治療

一直有強烈的爭論，但可以確定的是憂鬱症和遺傳因子、環境、腦部的化學物質和生活中的某一些不如意經驗都可能有關係。

曾文星、徐靜（1985）合著之《精神醫學》一書，對於憂鬱症之病理曾加詳細討論：

1.遺傳因素的影響：因為重要情感性疾的患者家族中，多有親友罹患此症。根據卡曼（Kallman）的研究材料之統計，此種疾病一般罹患機會為0.4%，異卵雙胞胎之罹病率為26.3%，而同卵雙胞胎之罹病率更高達95.7%，顯示此病受遺傳因素的影響很大。類似之研究則指出同卵雙胞胎罹患率為66%至96%之間。

2.生化學之探討：早在一九三九年，McFarland & Goldstein二人就曾提出，躁鬱症患者之碳水化合物之新陳代謝有障礙。以後許多研究者進一步證實，躁鬱症患者對血內糖之取用速度的確較慢，但其葡萄糖之耐受力卻無降低現象。

3.心理因素：雖然生物因素對憂鬱症確有某種程度的影響。但是心理因素仍有其參考的重要性。

引起憂鬱的心理因素很多，歸納起來，有下列三種情況：失去所熱愛的人或物、自尊心受到嚴重打擊，以及將原應外向的攻擊受到強烈的衝動轉向自己。茲以三個個案說明如下：

失落感（loss）

林先生與林太太，去年剛在許多親友祝福下，度過他們的金婚。今年三月，有一個黃昏林先生突然想到要寄幾本書給在美國的大兒子，林太太冒雨到郵局，不幸在回家路上發生了車禍，從此天人永隔。林先生對相依為命五十年老伴之死，除了嚴重的失落感之外，還有更多的內疚與自責，老是怪罪

為什麼要寄那幾本書、為什麼不自己去寄。一天到晚唉聲嘆氣，整夜更是無法入睡。才不過幾個月之中，已經瘦到形容枯槁，看在兩個小孩以及親人眼中，真是不知如何排解他的痛苦心結。

自尊心受到嚴重打擊

黃先生在退休之前，在仕途上一帆風順，不敢說官場上呼風喚雨，但的確是趾高氣揚，走路有風。退休後，馬前車馬稀，已經教人備感世態之炎涼，整天裏就是怨老天爺幹什麼要他屆齡退休（申請延退也未蒙核准），最氣人的是有一天到他原來服務的機關要一張以前的在職證明書，只因為門口的警衛大人要檢查出入證或是身分證，大大傷害了黃先生的自尊心，回家後就格外落落寡歡，整日罵人。

攻擊衝動「內射」

李先生最近似乎變了一個人。三個月前，當他奉派代理科長的時候，真是興奮過度，工作特別賣勁，一天裏，在辦公室裏有說有笑，同事要他請客，他都是有求必應。可是，上星期人事命令下來了，李先生還是調回股長原職。升官，對他又是擦身而過。他氣憤滿腔，可是不敢跟處長頂撞，討回公道。更氣人的是新科長趾高氣昂的樣子，教他有時真是火冒三丈。現實讓他不敢辭職或是提前退休，只好一天到晚生悶氣，回到家裏更是垂頭喪氣，甚至一個晚上不發一語。李太太倒是百般勸解，特別煮他平常喜歡吃的菜，還特別打電話叫李先生最喜歡的女兒回來陪伴他，可是結果都沒用。李先生科裏的同事怎麼勸說，也只是增加了李先生的自責。

像李先生懷著滿腔憤恨，真想「老子不幹」或是跟處長大吵

一頓辭職，卻因爲現實的問題不敢向他人發洩時，只得把憤恨或攻擊的衝動朝向自己，以自己責備自己的方式表現出來，很容易導致憂鬱症。

《基督教論壇報》記者王瑞玲曾根據台北市立萬芳醫院所提供的資料，製表顯示憂鬱症治療的四個面向，如**表10-1**。

表10-1　憂鬱症治療四面向

治療方式	效果
藥物	用來改變腦部神經化學物質的不平衡，包括抗憂鬱劑、鎮靜劑、安眠藥、抗焦慮藥物等，但需求助於精神專科醫師。
心理	改變不適當的認知或思考習慣，或行為習慣。可求助於專業心理治療人員，如醫療機構的臨床心理師。
陽光及運動	「光照療法」，陽光中的紫外線可改善一個人的心情，多活動活動身體，可使心情得到意想不到的放鬆作用。
良好的生活習慣	好的規律與安定的生活是躁鬱症患者最需要的，保持心情愉快，可以避免陷入自設想像的心理漩渦中。

資料提供：台北市立萬芳醫院，王瑞玲製表。

由**表10-1**所示，憂鬱症最常見的治療方式包括抵抗憂鬱藥物、心理諮商，或二者同時使用，使患者能解決自己的問題。

第三節　情緒壓力及其輔導

壓力可以是我們對任何情緒的反應。它是個體生理或心理上感受到威脅時的一種狀態，一種表現極端的緊張狀態。此種緊張狀態，使人在情緒上產生不愉快甚至痛苦的感受。

壓力有時具有示警的功能。引起壓力的情境令身體釋出某些賀爾蒙，包括一種腎上腺素的荷爾蒙，它可以快速地提供我們氧氣

與能量，使人面對壓力的來源，進而消除壓力的來源，消除壓力。

但是，如果這種荷爾蒙一再增加，會讓我們的身體無法恢復正常狀態，久而久之就會造成胃潰瘍、高血壓或食慾不振的現象。如果是長期壓力還會造成偏頭痛、憂鬱症、成年型糖尿病，以及消化性疾病。長期壓力也會減弱免疫系統功能，使你的抵抗力變弱。

壓力的來源通常存在於你無法控制的痛苦情境。曾文星、徐靜的《精神醫學》一書中指出構成心理壓力之狀態可分為：

1. 處於一種狀態，必須選擇一個反應方式，而所選擇之任何方式都不能解決問題，使個體完全無能為力，不知如何是好。
2. 處於一種狀態，以個體過去的經驗，無法決定怎樣才是解決的最好方法，因此有不知所措的壓力。
3. 處於兩種慾望或衝動之間，而二者互相矛盾而且衝突，使個體處於左右為難之痛苦。
4. 處於一種狀態，個體被迫要做過分之努力。
5. 雖然挫折程度不大，但屢次面臨挫折，且長期處於此種挫折狀態。

對於心理壓力所產生之基本反應，大致上有一種是恐懼逃避，也有一種可能是憤怒攻擊，或者抑制悲傷。大致上看壓力源之大小，以及個體經驗不同而有不同之因應方式。

對於某一些老年人感受到有外在壓力的話，我們的建議是：

1. 找幾位朋友談談心，或者租個錄影帶開開心。
2. 多多走出自己狹小的天地，多多接觸大自然。
3. 出去散散步，看看街景，或是到附近的大百貨公司逛逛。
4. 學一些放鬆自己的技巧，像是伸展運動、瑜珈、打坐。

第四節　老人之心理治療

如果一個人（尤其一個老人）罹患如前述之焦慮症、憂鬱症或嚴重的情緒壓力，那就不是一般輔導者之努力所可見效，而必須經由心理治療一段時間才可以奏效。所謂心病要靠心藥醫就是這個道理。

心理治療法乃運用心理學上研究人性變化的原理與方法，對心理疾病患者，或生活適應困難者予以診斷與治療的一切措施。心理治療只能由受過專業訓練人員，如精神科醫師、臨床心理學者、精神科醫師等來負責。

心理治療目的有五：

1.增進當事人對自己問題的瞭解。

2.協助當事人解除內心的衝突。

3.培養當事人自行改正不良習慣之能力。

4.引導當事人認識自我與生活環境，並消除已有之不當觀念或偏差看法。

5.支持當事人面對現實、恢復信心，重建未來的幸福生活。

在討論心理治療所應用之方法前，請先看看下面的案例：

心理治療個案一

李同學在高中時代是一個很優秀的學生，除了英文成績稍差之外，其他各科成績都名列前茅，推甄進入某有名之國立大學之後，卻經常頭痛、目眩、夜夜失眠。其父母都受過高等

教育，察覺李同學問題日益嚴重之後，求教於精神科醫師，發現李同學在高中時代因為各方面表現都很優秀，自視甚高，進入大學之後，班上同學都非常優秀，讓他有點自愧不如。加上教授所用的課本與所指定之參考書，都是英文，每天拼命查字典、翻字典就已疲於應命，而教授還希望大家都用英文參加討論，更教李同學終日緊張兮兮，甚至一想到明天有這位教授的課，今天就頭痛、眼花，時有曉課或者乾脆休學的念頭，但是又覺得辜負父母之恩情與自己的一向期許，因此，心中煎熬愈來愈深。經過精神科醫師的開導，希望少修一門學科，不要給自己太大的壓力，而且鼓勵他數學方面力求精進（推甄時，他的數學滿分），同時他的父母也百般勸解，替他重新配了一付眼鏡。更重要的是那位教授也肯定他的努力。在多方面的配合下，李同學最近表現慢慢愈來愈好了。

心理治療個案二

陸先生雖年居退休，可是精神奕奕，身體依然非常健朗。他經營了一間公司，員工有四、五十名之多。可以說他在各方面都非常優異，可是他卻一直未娶，到現在還是一位單身貴族，一位身價不凡的單身貴族。更有趣的是他從來不參加什麼有很多女性的社交活動，別提什麼聲色場所。公司裏幾乎沒有一位女性的高級主管，也從來沒有人見過他有什麼異性朋友。最初有人懷疑他是同性戀者，卻也從來沒見過他有什麼這方面的跡象。一直到最近他一位叔叔從國外回來，驚訝於他這麼一把年紀還不結婚，硬把他拉到某一位相當有名的精神科權威醫師求教。經過了多次會談、諮商，甚至運用了催眠術，才發現陸先生有一個非常不愉快的童年，一個非

常嚴厲的母親，讓他動輒得咎，時受鞭打；還有一個非常懦弱、唯太太之命是從的父親。更糟透的是上面一個姊姊，整天助紂為虐，讓他日子更不好過。進入小學，又碰上一位相當凶悍的女老師，飽受「師恩」之餘，一種對女性非常痛恨的心態，在嚴母嚴師雙重夾攻之餘，成為了他潛意識的一部分，也使得他的自我一直在殘缺的童年之後，無法正常地發展。

經過了精神料醫師的不斷開導，以及陸先生傾訴了埋藏在心田深處幾十年的心結之後的解放，陸先生慢慢地改變了他對異性的態度，而逐漸打開心門。公司裏提拔了幾位女性優秀同仁，私生活裏也有了很大的改變。

心理治療個案三

方先生現年六十八歲，不過一向勤於鍛鍊身體，方太太過世前，對他百依百順，照顧得無微不至，因此外表看來比實際年齡輕很多。退休以後，因為公司相當禮遇，領了不少的退休金，生活過得很好。可是前年方太太不幸過世，方先生喪偶之痛，自然不在話下，人卻變了很多。好在一個女兒住在附近，常常來協助家務。去年經家人勸說，又結了一次婚，娶了一位非常能幹、比他小二十歲的寡婦為續弦。照道理鰥夫寡婦共尋第二春，應該是一件非常美好的事。然而方先生一天到晚還沉緬於亡妻的回憶之中，又習慣於太太的諸般照拂，總覺得新歡不如舊愛好，讓這位新太太心裏很不好受。而那位方小姐對於繼母（只比她大二、三歲）始終建立不起來感情。新方太太本來就經營一家美容院，生意很不錯，收入也頗豐，在家的時間也就不能很多，給了方小姐挑撥爸爸夫妻之情的好機會，鬧得全家氣氛一直非常低沉。最近這位

新任方太太鬧離婚，方先生又執意不肯，甚至堅持要她賠償他的精神與經濟損失。新方太太百般無奈與痛苦，求教於精神科醫師，現在正進行家族治療中。

上面三個案例，顯示了心理治療常見的三種方法：

第一個案例是運用支持性心理治療（supportive psychotherapy）。所謂支持性心理治療，其主要目的在於利用患者對醫師的信賴，請求醫師的協助，而醫師則利用他的專業素養、權威、知識與適應的能力去支持患者，使患者能放下心理重擔，打開心門，傾訴了心中鬱悶與煩惱，安全地度過危機，避免精神的崩潰。

支持性心理治療還能進一步幫助被治療者發揮潛力，使他以後可以不依靠心理治療而能自行解決所面臨的各種難題。醫師最主要的是給予患者以最大支持，協助他如何去適應目前甚至日後所面臨之環境考驗。

支持性心理治療對於精神病、神經症患者，特別有憂鬱、焦慮等心理問題之患者來說，可說是最基本、最常用的心理治療。

第二個案例所運用的是分析性心理治療（analytic psychotherapy），其著重點在於幫助個案之案主分析，瞭解自己情緒反應的根據，領悟其行為的動機，從分析、瞭解、領悟的過程中去解決其心理之癥結。

這一派心理學家認為一切心理的問題是個體人格異常的結果，而這種人格異常可遠溯個體不愉快，甚至不幸的經驗，導致個體無法遵循正常發展的常模而發展。

正常的情形，個體的本我（id）也就是人格結構的最基層結構，蘊含著人性中最原始的一些本能性的衝動，是在學習如何適應外在的世界，發展了自我，再發展了超我（super ego）。如果個體

在幼兒發展期中，無法獲得父母良好的管教，則自我形象與道德良知，就無法正常地發展，而自我的三個主要功能也就沒辦法達成。自我的三個主要功能是：(1)獲得基本需求的滿足，以維持個體的生存。(2)調節本我的原始衝動，以符合現實環境的需求。(3)管制本爲超我所接受的原始性衝動。

根據此種學說，心理疾病就是本我發展的極端受損。患者一直有不適宜的行爲、不合理的思考與不應有的錯誤世界觀與混亂的人際關係。

這一派學說的最大貢獻在於透過潛意識存在之認知，幫助了我們從比較廣闊的角度，去探視人之精神活動。此外它也應用了心理自衛機轉（Defense Mechanism）的知識，來瞭解病人在潛意識下進行的心理過程。

所謂自我防衛乃用以解釋個人應付挫折情景時，爲防止或減低焦慮或愧疚的精神壓力所採用的一些習慣性的適應行爲。個人之所以自我防衛，一方面在減輕焦慮的壓力，另一方面在於保衛自我以維持內在的人格結構。但防衛方式使用過多時，可能脫離現實，使個人陷於更大的困境。

第三個案例，就要運用婚姻治療法（marital therapy），它的對象不是個人，而是婚姻當事人夫妻之間的關係。換一句話說，婚姻治療的目的是在協助當事人兩造改善他們之間的關係。夫妻關係不和諧的原因，可能是意見不合，可能是財產糾紛，也可能是性生活的不協調。婚姻治療的重點，即在藉會談諮商使夫妻改進溝通的方式，從而恢復，甚而增進夫妻間的和諧關係。

個案案例中，除方先生與他新太太之問題外，還有那位挑撥離間的方小姐，也需要加以輔導諮商，她應瞭解如何正面加強父親與繼母的關係，而不應該惡意中傷。

婚姻治療法與心理分析治療法最大不同，在於它只注意目前

之問題,而不涉入以往童年的往事。

其實,除了上述三種心理治療法之外,還有很多不同方法,諸如行為治療法(behavior therapy)、認知行為治療法(cognitive behavior therapy)及團體治療法(group therapy)等等,其所根據之理論不同,其所治療的對象與目的各異,在諸多方法中,實在並沒有最有效的方法。

倒是誠懇地建議,如果家人發現老人的心理與行為,確有偏差的地方,輕者應立即求教於張老師輔導中心、宇宙光輔導中心、馬偕醫院社工室及其他心理輔導機構與生命線協談中心。情形較為嚴重者應立即到各大醫院精神科掛號求診,以免病狀更為惡化,切記!切記!

 ## 第五節　結語

人不能永遠健康,尤其是老年人,我們由衷地祝福他們長壽、健康又快樂。

可是,天有不測風雲,人有旦夕禍福,世上絕對沒有不生病的人,尤其是老年人。心理疾病有很多種,很多是及早發現,及早治療,也會及早康復,至少病情不至惡化。

本章所提出的焦慮症、恐懼症、憂鬱症,乃至過分情緒壓力症都可能發生在任何人的身上,尤其是老年人。

本章所列舉的三種治療方式,乃針對所列三個個案案例而草擬,雖不可以以偏概全,但似乎仍可供參考。最後,所提出的建議,更盼多所考慮。

進一步的問題...

一、你是否有時候對什麼事都感到焦慮？你又是如何加以排解？

二、你對那些憂鬱的朋友，可曾伸出你輔導的手？你認為最有效的做法是什麼？

第十一章
退休與休閒活動

退休這兩個字，這一個詞，給你的第一個感覺是什麼？你對它的第一個反應又是如何？

對於一位資深的職場工作者，突然聽到公司、工廠因業務需要或財務欠佳，而不得不請大家考慮時艱，提早退休的時候，是否像晴天霹靂？另外對那些風聞老闆即將資遣一些員工訊息的職場朋友，退休這兩個字可能是永遠的夢魘。

但是，對於半輩子案牘勞形、升官老是擦肩而過的公務人員，或是幾十年執教鞭、美而名之所謂誨人不倦、年亦已過五十的老師們，或是整天忙著調頭寸、數不完人家鈔票的金融界基層的朋友，退休該是他們最期待的夢！

當然，對中年朋友，事業一帆風順，恐怕忙到沒時間吃飯、睡覺，也就必然沒有時間想到退休這回事。

有人說，退休是人生中最灰暗的事，卻也有人說：退休是真正屬於自己人生的開始。究竟它是什麼，我們恐怕沒有具體的答案，只能說人之一生中，總要面臨退休的考驗，總有一天你是要從現在的職場生涯裏退下來的。

本章將就退休前的準備，退休後的心理調適，財務的管理與休閒活動的安排，分別加以申論。

 第一節　退休前的準備

既然退休對於大家而言，是人生必然的階段，那麼請問你是否有了最好的心理準備與生涯的規劃？還是相信船到橋頭自然直，何必目前就杞人憂天？

的確不是很多壯年、中年的人士，在面臨台灣社會高齡化的

挑戰中，認真地考慮到退休的問題，或者說在他們很快地就將步入晚年之前，作什麼未雨綢繆的規劃。

《康健雜誌》於二〇〇一年五月發行了富有退休的專刊，特別對如何擁有一個生活、經濟與心靈上都富有的退休生活，作了深入的報導。其中詳細分析了該年三月時所進行電話抽樣訪談的結果，很值得我們的參考。

談到退休，首先要面對的是退休以後的生活問題。該訪談的第一個重點是退休後的主要經濟來源，結果見圖11-1。

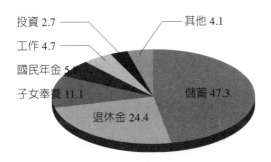

圖11-1　你認為你退休後主要的經濟來源應該是？（單位：％）

資料來源：《康健雜誌》，2001年5月專刊。

由**圖11-1**可看出，僅有47.3％認為應該是儲蓄，較之美國、日本，似乎太低。

同時，認為該由子女奉養者僅有11.1％，也可看出養兒防老的觀念，已被獨立自強所取代。而依賴退休金者幾占四分之一，可見政府、企業負擔之重。

第二個問題是：你準備好自己的養老金了嗎？

圖11-2顯示還沒準備好的是61.6％，約占三分之二，也值得我們注意。

圖11-2　你準備好自己的養老金了嗎？（單位：%）

資料來源：同圖11-1。

　　第三個問題是：你有把握退休後錢夠用嗎？

　　結果發現認為有把握退休後錢夠用的僅三成五（包括非常有把握14.3%，有一些把握20.7%），三成八的受訪者沒把握錢會夠用。

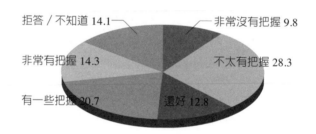

圖11-3　你有把握你退休後錢夠用嗎？

資料來源：同圖11-1。

　　第四個問題是：你認為退休後的生活費應該是多少？

　　根據《康健雜誌》記者朱念文的分析，當問道退休後自己每個月的生活費應該是多少時，將近四成（38.3%）的回答在一至兩萬元之間，其次是兩至三萬（22.9%）。

　　請注意上列生活費用的金額是二○○一年的幣值，物價指數在這幾年中雖不過小幅的微升，但幾年中之一般薪津未見調升，升斗小民生活之苦可知。

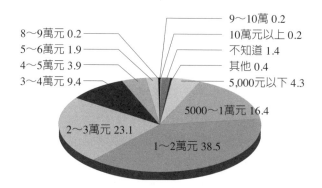

圖11-4　你認為你退休後每個月的生活費應該是多少？（單位：％）

資料來源：同圖11-1。

第五個問題是：你認為理想的退休年齡是幾歲？

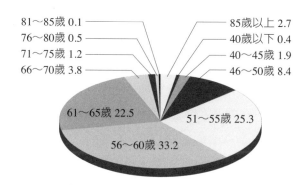

圖11-5　你認為理想的退休年齡是幾歲？（單位：％）

資料來源：同圖11-1。

　　朱念文的分析是雖然平均壽命延長，多數民眾卻不打算增加工作年資，理想的退休年齡集中在五十一至六十歲之間。

　　論到退休的年齡，證之國內外可看出教育程度愈高、社經地位也在中、高階層之間，健康狀況也極為良好者，傾向於提前退休，以便在職場上尋覓第二春，或者尋求個人遊山玩水、遨遊世界

之樂。相反的，那些教育水準不高之藍領階級人士，則希望能夠獲得延遲之機會。

其實，在退休前應有之準備，除了經濟之考慮，還應該考量到心理的層面。對大多數退休族來說，健全的身心狀態和持續的家庭與社會支援，其實還比財務的狀況來得重要。事實上，退休是人生更換跑道，再尋自我的最好機會，只要想到退休後就有一段理想的時間，能做自己一直想做的事，當然是美好無比的事。不過，如果你只想把時間都用來睡覺、看電視、閒蕩、打打小牌，好好享受閒雲遊鶴一般的生活，無所事事地過日子，恐怕不要太久就會感到厭倦，將得不到真正的快樂，反而落得更多的空虛和寂寞。

因此，在退休後如何詳作規劃，不論在自我調適與人際之開拓，或者是秉持過去的興趣，昇華自己，或者抱著終身學習的理念，力求自我的充實，明天，必定更絢麗。

此外，在退休前還要考慮的是：如果你考慮發揮你的專長，再投入職場，那就要注意人力市場的供需，並以過去所建立的人脈爲基礎，不好高，不騖遠，只求興趣之所及，而不在乎什麼虛名地位，似乎不難覓得一項工作，既可從中找到一些樂趣，又可強身報效國家，又何樂之不爲？

要不，趕早繼續你的未竟學業，吸取新知，也是上策。

 ## 第二節　退休後的心理調適

退休，退休，退就一定要休？
老朽，老朽，老就一定要朽？
其實，這都是一念之間的自我觀。

　　退休不應該是生命、事業的休止符，而應該是另一番生命、事業樂章的前曲。

　　高雄醫學大學醫學社會學暨社會工作學系陳武宗副教授說得好，退休是一件必須準備和因應的事，因為退休生活其實是中年生活，甚至於人生上半場的延續。很多生活習慣、飲食習慣、運動、性格、交友等方面都不可能從退休的那一刻開始改變。因此與其說該為退休做準備，倒不如說，其實我們的人生，就是退休的一部分（見《中國時報》民國九十五年十二月二十一日第八版）。

　　根據衛生署民國九十五年九月所發布的資料，由於國人平均壽命的延長，今日六十五歲的老人，健康的話，至少可以活到九十歲。換一句話說，從今日算起還可以有八千一百二十個日子要過，總不可能毫無目標地過這麼長的日子吧！如果事先沒有妥善的規劃，退休後又沒有好好的心理調適，豈不辜負了上天所賜給的這麼好歲月！

　　既然還有麼長的路要走，總希望日子過得健康又快樂，生活過得有意義。退休之前一切的期待，都能一如理想逐漸開花結果。未來的征途，就看我們怎樣邁進向前了。

　　我們要大聲疾呼的是：人都會老。老年是人生諸多階段中的一個階段，也是另一個生涯的開始。一方面應該趁著退休的機會，對過去的種種做個全面的檢討，面對未來，更要每隔二、三年就要考慮是否另行規劃，才能順應社會變遷，適應自己身心狀況，活個有意義的晚年。

　　最重要的是，不要把退休當成一個渴望已久的休息，或是脫離工作勞苦的機會，相反的，要將它作為自我更新、再求精進的契機。

　　退休後，並不意味一切都該告一段落，反而應該是生命中第二春的開始。以前，忙著工作，忙著為他人作嫁，很少有真正屬於

自己的日子，如今無「職」一身輕，為什麼不仔細思量好好規劃，那些將完全屬於「自己」的歲月時光！

是否還有許多該做的事，還沒有做好？

是否還有許多想讀的書，還沒有去讀？

是否還有許多想玩的地方，還沒有去玩？

是否還有許多沒整理的舊資料、書信、衣服、舊稿，還沒有整理？

是否還有一些親朋好友，許久未曾問候？

是否很多以前相當感到興趣的事物，許久沒有涉獵？

是否很多以前很喜歡的活動，許久沒有參加？

是否以前欠過很多人情債，到現在還沒有空去補償？

是否還有一些很喜歡的活動場所，到現在還沒有去？

是否還有一些想要學習的事物，等著你去學習？

是否……

如果這些答案都是肯定的，也都是一向「固所願，不敢奢求」的，甚至有時感嘆「人在江湖，身不由己」！何不趁著今天，你矍鑠猶勝中年，又因為子女已毋需操心，人生也不必那麼辛苦地規劃，各種條件也都能很好配合的情況下，把剛才所想要做的事，立即採取行動，馬上將之列為今天起工作的重點。

請千萬不要說：「我還行嗎？」或者認為那都是塵封已久的往事，怎可「偷閒學少年」，其實，萬事都在我們一念之間，向前跑，莫徬徨，我們必會老當益壯，意興飛揚。相反的，如果心裏老覺年華不再，總是「念天地之悠悠，獨愴然而淚下」，那麼真是「老」而「朽」了！

要永遠保持一顆不老的心！「老驥伏櫪，志在千里」，只要我們永遠遵循著積極奮勉的意志，延緩老化的歷程是絕對有可能的。

第三節　退休後的居所

退休了，也許我們就得要考慮居所的問題。還住在原來的住所，還是希望跟誰住？

《康健雜誌》的調查，退休以後，希望跟配偶住的占49.9%，跟子女住的占35.9%，獨居的只有8.2%，跟其他親友2.5%，想住在養老機構的只有0.8%。

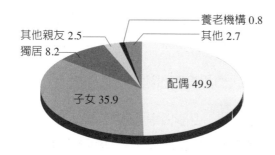

圖11-6　你希望退休以後跟誰住？（單位：%）

資料來源：同圖11-1。

根據二〇〇二年美國的研究資料，大多數美國長者認為他們有能力照顧自己。這項以896位年紀在六十五歲以上的人為對象進行的調查發現，有70%的人並未接受子女之全日奉養或社會服務，來協助他們生活。67%的人在調查時，不認為自己需要服務。

根據另一項調查，半數以上的成年子女認為父母需要他們幫忙，但不認為一起居住有其立即性的必要。同時，卻只有27%的長者和他們意見一致。

以我國情形來看，因多年來家庭結構之變遷，未來長者要考

慮建造一個理想的老人之家,有主觀與客觀因素之困難。

主觀來說,一般老年人退休以後,家庭收入僅靠些微之退休金、過去之儲蓄以及子女之奉養,要想過怎樣充裕的生活,勢必捉襟見肘。除非過去早有先見,買一華屋以度晚年,居住之環境勢難理想。

客觀來看,家庭結構型態及功能的轉變,使得原先屬於家庭的傳統照顧者——婦女,普遍就業成了不可避免的趨勢,而且現代婦女因教育程度逐漸增高,自我意識的增長及家庭經濟的需求,逐漸由家庭轉入勞動市場。因此雙薪家庭的比率逐漸提升,相對地將原本被認定為家庭照顧者的婦女帶離。

更不能不注意的是國內離婚率不斷增高,不合則離、好聚好散的觀念,取代了過去委曲求全的心理,因此單親家庭或繼親家庭就日益增多,老人照顧問題也就更為嚴重。

綜合而言,我們認為要想建立一個理想的老人安居地,可以從下面幾個角度來看:

1. 對那些身體仍健、配偶尚健在、經濟能力尚可的老年人,我們建議不妨考慮在交通便利,離開醫院、市場不遠的地方購買或修建原有住宅,以為安居之所。如果能夠住在兒女家的附近,尤為理想。

2. 對那些身體仍健、配偶已逝的老人,如果經濟能力尚可,一時還不想與子女一起居住,獨居的地方,最好要注意交通、醫療各種條件。同時,最好與子女居所距離不要太遠,平時也應該多所往來,互通訊息。

3. 對那些身體狀況稍差,一時還不想與子女同住,或者與兒女同住尚有實際困難,不妨暫時還住在原來地方,但可以考慮家庭照顧的方式。家庭照顧模式目前已普遍被大多數人接

受。在期望老年人盡可能留在原來的居住社區，以提升老年人自主性生活品質的需求中，家庭照顧更成為中外長期照護的主要資源。

4.對那些身體狀況日趨衰退，一時又未能得到長期社區看顧，老伴又已不在情況下之老人，也只好依賴成年子女，尤其是女兒與婦媳的照顧。這是一個非常繁重的工作與長期無止境的負擔。

5.對那些身體日衰，子女環境又不盡理想的長者，住安養機構也不失為很好的選擇，這幾年以來，住在安養機構的老人，每年都在增加中。我們由衷地希望這些安養機構能充分發揮其功能，加強人性式的管理與各種服務，讓那些老年人在其中安享晚年。

事實上，由於台灣生育率的急速下降，在不久的將來，勢必發生無足夠的成年子女數可供奉父母的現象，成年人要與子女同住的可能將越來越難。如何廣設安養機構，長期培育安養照顧人員，亟力澄清社會人士對安養機構的錯誤觀念，讓年老長者認同老人福利機構的生活方式，樂於在安養機構中頤養天年，當是朝野人士首務之急。

第四節　老人之休閒活動

休閒活動（recreation）是老人非常重要的活動，因為老人有很多空間時間，更需要透過有益身心的活動，調整生活內涵，袪除心中煩惱。最重要的是讓老人們走出所蝸居的斗室，走出自己所封閉的天地，進入他們所感興趣的世界，進入有志一同的夥伴天地

中。

　　休閒活動還有一個更新、更重要的涵義，那就是一種精神或心理的治療。多少年以來，精神醫學家與教育學家都一致同意，讓年老、精神一向憂鬱、與他人相處經常格格不入，甚至素來就是落落寡歡的長者，發展他們某一方面的興趣，如繪畫、書法、園藝，乃至烘焙西點、餵養小動物，或者參加旅遊、爬山、郊外踏青等等活動，讓他們樂在其中，不知不覺地揮脫一些自我的封鎖，從興趣的提升與成就感之滿足中，克服了孤立、自卑、妄想與厭世的負面情緒，應該是最有效的一種心理治療。不過這樣的一個活動過程中，隨時給予正面的激勵與增強作用，是非常需要的。免得他們半途而廢，甚至覺得一事無成，反而造成更多挫折感，以後更退縮自己。

　　要注意的是任何老人的活動，都要配合體力與感官的衰退情形。一般來說，老年人自健康衰退以後，都比較喜歡靜態的活動，以及一些不要很多體力的休閒方式。

　　《康健雜誌》所作的調查，調查退休後想從事那些活動，在休閒活動部分，還是以旅行占18.4%最多，運動占15.5%，其他休閒嗜好占10.5%，有趣的是看電視只占0.8%，詳見圖11-7。

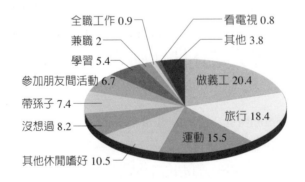

圖11-7　你退休後想從事哪些活動？（單位：%）

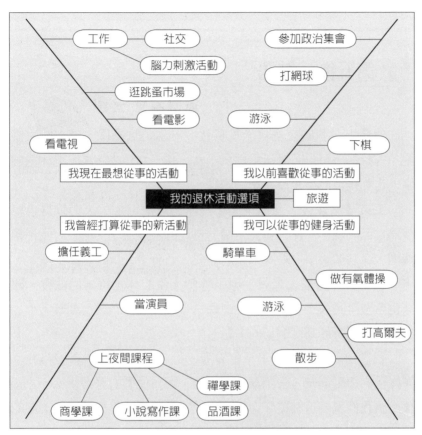

圖**11-8** 退休生活脈絡圖

　　Zelinski建議，無論你已經退休或即將退休，為了享受忙碌充實的退休生活，立刻為自己製作一份生活脈絡圖（**圖11-8**）。看看這份圖，你可決定如選擇退休後的活動選擇，那麼就祝你心想事成（譚家瑜譯，2005）。

老人 心理學

 第五節　結語

　　傳統上，我國在農耕漁牧時代，一生忙忙碌碌，僅求闔家溫飽，有時都不可得，晚年仍然為子女、孫子女作牛作馬，退休兩個字，也許是他們從來沒有想過的詞。

　　工業革命以後，西風東漸，生產力急速增加，人們覺得也應該為自己的晚年，作一番完全屬於自己的生涯規劃。而政府及企業機構，又基於人事之新陳代謝的需要，乃有了完善的退休制度。

　　可是退休對個人來說，絕不等於人生的休止符，而社會、國家也希望年長人士有良好的生命晚景，因此退休乃成為朝野人士，普天萬民都寄於高度關切的主題。

　　我們由衷地先向一生奉獻青春、壯年乃至這麼多年服務於不同崗位的銀髮朋友，表示誠摯的感謝，因為他們的努力耕耘，才有機會讓我們過得這麼美好。更高度期盼他們退休以後的日子美麗如日正中天！

　　休閒活動如何妥為規劃，決定退休生活是否多采多姿。本章第四節所提議，謹供參考。

進一步的問題...

一、你認為規定的退休年齡六十五歲，是太早了一點，還是
　　太晚一些？請申述其故。

二、你認為最有意思的退休生活應該如何安排？

三、你認為那些休閒活動的方式，對老人家來說是最有意
　　義？

第十二章
家有千千結

人生自是憾事多。

蘇東坡〈水調歌頭〉中有一句話：「月有陰晴圓缺，人有悲歡離合，此事古難全。」相信是大家所熟悉的。

多期待這個世上，都是花長好，月長圓，千里共嬋娟，偏是有那麼多人的心上，永遠是載不動那麼多的愁苦。

人如此，人所造的家，又有幾許是永遠沉浸在溫馨、甜蜜、安康、幸福的氣氛中？又有幾個家庭沒有千千結？

本章將先就喪偶之慟、家有老老人、誰來照顧與隔代教養等問題，分別加以申述。

第一節　喪偶之慟

人生愁恨自難免，在那麼多最令人傷心欲絕的刺激之中，其一應該是喪偶之慟。

想想看，從一對佳偶被邱比特愛神之箭所射中，又獲得了月下老人的祝福，經過了多少時候的愛情長跑，終於步上了禮堂。婚禮上賀客對新婚夫婦常用的一句話是什麼？婚禮喜幛上金色紅字寫的是什麼？對新人來說，該是「白首偕老」印象最深。

由燕爾新婚到桑榆暮景的四、五十年，也許更多一點的歲月中，為教育子女而操勞，為實現人生理想而奮鬥，禍福與共，休戚相關，真是酸甜苦辣、味味俱全，一部兩個人所共譜的人生詩篇，到晚年真是不知從何說起。當這一對令人尊敬與羨慕的老夫老妻，終其天年之時，總有個先後。「不能同年同月同日生，但願同年同月同日死」是神話、是夢話，請問又有幾家能夠？

無妻曰鰥，無夫曰寡，一對就算是神仙伴侶，總脫不過鰥寡喪

偶之日，一輩子吵吵鬧鬧的夫妻，也總有一天其中一位會先走一步！

　　如果說生離死別是人生最大的痛苦，那麼大半生相處的另外一半的死亡，該是最大痛苦中的最大痛苦！

　　沒有一對銀髮夫妻不希望鶼鰈情深的日子天長地久，可是上蒼不垂憐，天妒鶴髮紅顏，死亡之神遲早總會無情地拆散一對老鴛鴦。死者可能帶著多少餘恨，離開了與他（她）同行幾十年的老伴，讓他（她）無限淒楚地獨向黃昏。

　　由於女性傾向於嫁給比自己大幾歲的男性，而男性平均壽命又比女性來得短，因此在喪偶人數中，寡婦遠比鰥夫為多，也就不足為奇了。

　　由**表12-1**可看出我國男性平均壽命比女性少了六歲之多。

　　喪偶之中，寡婦之所以遠多於鰥夫的原因，還有以下原因：

1.通常我們認為女人總是體弱多病，但是儘管她們常鬧小毛病，卻帶病延年。男人看起來很硬朗，卻往往不知道如何善待自己，小病往往不去求診，甚至有時諱疾忌醫，非到大病

表12-1　男性與女性平均壽命差距表

國名	出生時預期壽命		平均壽命差距
	男	女	
中華民國	72	78	6
新加坡	74	79	5
中國大陸	68	72	4
日本	77	83	6
韓國	69	77	8
美國	73	79	6
英國	74	79	5
法國	74	82	8
德國	73	80	7
澳大利亞	75	81	6

資料來源：經建會人力規劃處，《1997年世界人口估計要覽》。

來臨，才匆匆前去治療，也就常常錯過了診斷與醫治的最好時機。相反地一般女士（尤其家庭婦女）到了中年之後生活比較清閒，鄰里友朋之間，大多談論到家務事與身體狀況，稍有微恙，馬上求治者多，因此除非大病突然拜訪，否則處變不驚、慎謀能斷之機會，遠比男士來得多。也許老天爺對於弱者反而特別照顧也說不定。

2.男人之工作以家外爲主，較之婦女家內工作，其危險性較大，死亡機會也較多，尤其從事基層勞務工作，如礦、漁以及石化業爲然。森林狩獵、海洋捕漁、兵役戰爭均由男人擔任，喪命之後，留下其妻居寡。

3.初婚男女，總是夫大於妻，不幸喪偶，再婚之機會也必然男多於女。再娶之時，夫妻年齡之差，更大於初婚。這也說明了每年重陽佳節，依俗所舉行之敬老會，扶杖而至者，壽婆遠多於壽公。

根據美國大都會人壽公司之死亡統計，夫妻年齡相等之時，夫先去世之機會爲百分之六十。夫大五歲，其機會爲百分之七十。夫大十歲則增爲百分之七十八，大十五歲是百分之八十五，大二十歲是百分之九十，大二十五歲是百分之九十四，再大的話必先死無疑。只有夫小妻五歲時，其機會則相等。

根據聯合國（2002年）資料，全世界先進國家平均壽命，自一九七○年到一九九五年代之間都在不斷延長中，尤其女性，**表12-2**可供參考。

由**表12-2**可看出：

1.這些國家民眾的平均壽命都在延長中。
2.女性平均壽命延長更多，又以日本居冠。
3.由於女性平均壽命延長較男性爲多，意味著晚年生活中，寡

表12-2 世界先進國家1970年到1990末期不同性別之平均壽命

	1970			1990末期		
	男	女	差別（以年數計）	男	女	差別（以年數計）
法國	68.5	77.1	8.6	74.6	82.4	7.6
義大利	69.0	74.9	5.9	74.6	81.0	6.4
瑞典	70.3	76.2	5.9	77.1	81.9	5.7
英國	70.0	76.2	6.2	75.0	79.8	4.8
美國	69.3	77.1	7.8	73.8	79.5	5.7
日本	73.0	78.3	5.3	77.1	84	6.9

資料來源：聯合國人口統計，2002年。

婦必然遠多於鰥夫。

六十五歲以上男女性別顯現相當明顯的原因，可從下列兩因素加以分析：

1.六十五歲以上之女性，大多經過兩次世界大戰的洗禮，不少男士為國捐軀，尤以第一次世界大戰期中之英軍死傷人數極眾，使男女人數之差別出現極大落差。
2.第二次世界大戰後，先進國家由於衛生、醫護條件明顯改善，女性死亡率不斷遞降，而男性死亡率仍高於女性，因而兩性人數之差別仍保持一段距離。

如果我們再從男女在晚年時婚姻狀態加以分析，更可以看出兩性之差異。

毫無疑義地，婚姻狀態決定了居家的安排、生活條件與社會關係，尤以年長者為然。但是晚年以上老人中，男女所受婚姻影響情形，顯然有所不同。

以英國與威爾士為例，從**表12-3**可看出婚姻關係之變遷：

表12-3　英國與威爾士自1971至2021婚姻關係之變遷

男性	1971	2001	2021	五十年中之變化
已婚者	73	71	66	-7%
鰥寡者	19	17	13	-6%
離婚者	1	5	13	+12%
從未結婚者	7	7	8	+1%
百分數	100%	100%	100%	
N.	2.5m	3.5m	4.8m	+92%
女性	1971	2001	2021	五十年中之變化
已婚者	35	41	45	+10%
鰥寡者	50	47	35	-15%
離婚者	1	5	14	+13%
從未結婚者	14	10	5	-9%
百分數	100%	100%	100%	
N.	4.1m	4.8m	5.9m	+44%

註：2021年為推估人數。

資料來源：Johnson, M. L. et al.(2005), *The Cambridge Handbook of Age and Ageing*.

1.男性結婚人數呈下降趨勢，女性結婚人數呈明顯上升。

2.女性鰥寡人數遠高於男性鰥寡（35%比13%）。

3.從未結婚人數女性亦高於男性（14%比7%）。

再請看美國之情形，由**圖12-1**可看出：

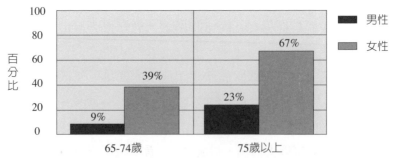

圖12-1　美國64-74歲、75歲以上男女之寡居比例

資料來源：Perlmutter & Hall(1992), *Adult Development and Aging*.

1.六十五至七十四歲一組之男性失偶與女性失偶之比例爲
　9%：39%。

2.七十五歲以上兩者之比例則增爲23%：67%。

　　另一份資料顯示，八十五歲以上之女性失偶者占82%，而男性
失偶者則爲43%。

　　由中華民國歷年台閩地區人口統計資料，都可以看出年齡愈
大，同一年齡之男性死亡人數遠比女性來得多，而且到了八十歲以
上，男女死亡人數之差距更大，意味著寡婦人數遠大於鰥夫。

　　造成喪偶寡居之原因，一般說來有以下幾種：

1.另一半之突然死亡。車禍、飛機失事、工廠或礦場安全出了
　嚴重問題，乃至於中風、突發性的心肌衰竭，以及其他意外
　事件都可能鑄成伴侶的最大悲傷與終生憾事。屬於這類死亡
　的人數，英國是4%，美國大約是6%，我國大約也在5-6%之
　間，由於死亡之神的猝然到來，未亡的一半在毫無心理準備
　之情形下，得悉噩耗，痛不欲生，泣然欲絕之情，令人鼻
　酸。

2.另一半久病不起，與病魔搏鬥日久，生病之人與其伴侶早就
　明知病情之很難樂觀，但仍盼奇蹟之出現，百般無奈之下，
　心裏已作最壞盤算，甚至眼看病者之痛苦掙扎，有時反而下
　意識地企求他的早日解脫。

3.第三種原因與第二種類似，也與第一種有點相同。那就是病
　者經過一段治療，似乎有點起色，全家都在默默感到欣慰的
　時候，卻是另一種併發症突然奪走了他（她）的生命，讓配
　偶與家人由喜變悲，反而不知所措。

　　姑不論是那些原因造成喪偶寡居，也暫時不提夫妻結合之日

子又有多長，其對未亡的那一半，都是極大的打擊。固然步入人生晚年，對於死亡之陰影早已成為心中最大之陰霾，而且多年來，昔日之同窗好友、工作夥伴，乃至親朋鄰居，先後離開塵世，心裏既悼死者，又難免為自己悲。可是，真正死神降臨在枕邊人身上的時候，還是悲慟欲絕。

許多心理學家都指出喪偶是一個人一生之中所面臨的最嚴重的心理創傷。

夫妻感情愈篤，相伴同行愈久，彼此之依賴愈深，喪偶之老人愈難承受那種刻骨銘心之痛。許多銀髮夫妻都認為他（她）是自己的最愛，只有他（她）最瞭解、最親密。多年來朝夕與共，共歡笑，共惆悵，有難相扶持，閒來話滄桑，有不盡的往事堪回味，有無數的夢鄉共徘徊，方期真的是白首偕老，卻無限遺憾眼看著他（她）含恨地先走了！

對許多女性來說，失掉了她的丈夫，不但是失掉了枕邊人、最好的伴侶，也同時失去了精神的支柱、社會的地位、經濟的來源，所留下的只是無比的哀愁、憂傷，以及此身何屬、此生何寄的不安全感。對鰥夫而言，尤其是年邁的鰥夫，失了老妻，也就是失去了生之意義。國內外許多資料都顯示，許多死掉了老妻的丈夫，如果沒有得到子女及其他家人大力的支持，又缺乏什麼宗教信仰的力量，往往在其後幾個月或一兩年之中，就跟著離開這個世界，甚至以自殺結束自己的生命。

美國社會學家哈蘭（Harlen, 2001）曾研究四百六十四位芝加哥城獨居鰥夫心態，發現其中絕大多數是悲傷、嚴重的失落感與整日的無所事事。年齡愈大，婚齡愈長，子女越少的鰥夫，更有一種彷彿世界末日已至的感覺。一般來說，都表示愈到夜晚，夜闌人靜的時候，思念之情也就愈深。

「白日期偕老，幽泉忽悼亡。」喪偶可悲，老人尤甚，風燭

凋景，孤枕寒衾，情何以堪，老夫老妻，無論那一方先死，遲走一步的未亡人，除非有極為強烈的宗教熱忱，又擁有子女無限的愛心與親朋好友的無比支援力量，心中之悲慟自是天下最為苦澀的。蘇東坡一首悼亡詩，就寫到「不思量，自難忘，千里孤墳，無處話淒涼，縱使相逢應不識，塵滿面，鬢如霜」，令人千古之後，讀之猶不勝唏噓！

Colin Parkes早在一九七二年就指出喪偶者傷痛的正常反應歷程，是經過下列四個階段的：

1. 震驚與完全失落：也就是欲哭無淚，神情麻木，腦海中一片空白的階段，這一階段雖僅是短短一剎那，卻似乎永恆之久。

2. 痛苦與絕望：喪偶者忘形地緊握死者之手，或是一直繞著遺體怒吼，責備他（她）為何如此殘忍撒手西歸，更埋怨自己在他（她）生前的諸般不是，甚至遷怒醫生醫術之不精、護士照顧之不足，乃至醫院設備之不齊！更可怕的是怪罪上帝與菩薩！

3. 極度憂傷之後：喪偶者經過了痛苦與絕望之後，慢慢地接受了一直不肯接受的殘酷事實，他（她）終於走了。地下有知，他（她）一定不願看到自己如此憂傷，因此逐漸擦乾眼淚，學習如何收拾起痛苦的呻吟，勇敢地走向未來。

4. 重組自我：走過了死亡的幽谷，喪偶者逐漸地帶著哀愁，走入可安歇的水邊。這時候，大約是死者死亡後大半年到一年之間，當然，有的人可能一直不能擺脫那痛苦之綑綁，甚至終生陷於極度哀傷的深淵而不可自拔。無法重組自我，恢復自我，然後出自我，再進入以往月歲月中的生活模式。不過，那種悔恨、焦慮、不安與沮喪、憂傷的情緒，還是會在

夜闌人靜，燈下徘徊的時候，時時才下眉頭，卻上心頭！

當然，以上所說的四階段，並不見得完全適合於所有的喪偶者，同時，喪偶者之心路也不見得一定依序地由某一階段進入另一階段，不過這種說法的確描繪了大多數喪偶者之心態，值得參考。

其實，喪偶者對於死亡者之悼念與悲傷度，還取決於個己之健康狀況、家中之經濟狀況以及子女之接納度等等。如果自己健康本就欠佳，甚至還依賴另一半之常常照料，如今他（她）居然撒手人寰，內心之格外悲痛可想而知。此外，如果家中經濟過去依賴死者獨立支撐，他（她）仙逝之後，經濟上之不安全感也實在難免。不過，如果子女一向善盡孝心，對父母經常照顧體貼，充分表現應有職責，如今也必然對弱母或老父承歡寬顏，多少減低家庭悲慟的氣氛。

一般來說，寡婦較鰥夫容易更早從痛苦深淵中跳脫，其理由是家中諸項事務，一向就由她張羅處理，痛失丈夫，也往往比較容易得到左鄰右舍和親朋好友的無限同情與支持。相對地，失去了老伴的夫婿，在適應上困難既多，悼念淒楚之心也就愈大。許多丈夫甚至連家事一向都很少過問，兩老雙雙度日，相依為命，如今驟失支柱，其痛苦之心情可想而知。尤其是，秉著男兒有淚不輕彈的諺論，強調一切悲愁壓抑心頭，偷偷地以酒澆愁，其情可憫。

喪偶之慟，需要時間來沖淡、克服，我們一方面由衷地希望當事者覺醒人生本來就是諸多苦難，與其老是沉緬在失偶的悲傷陰霾中，自苦苦人，何不慢慢地學習過著沒有他（她）的日子，天上地下的那個人，如果有知，也必感到寬懷。要儘早地化悲痛為力量，可考慮下列方式：

1.尋覓友情與宗教的安慰。
2.投身工作，發展過去的興趣。

3.多方參與社會活動或社會服務。

4.如果經濟力量還可以，不妨考慮參加旅行團所安排的各項旅遊活動，以排遣心中的煩憂。

最後，我們殷切地期待子女、親友之更多鼓舞與接納，讓他（她）們更早走出悲傷。

第二節　家有老老人

自古以來，常以多福、多壽、多男子爲虔誠的禱詞，而壽星也是大家所供奉之對象。可是，古人多未能跨過七十大關，因此才有人生七十古來稀這一句話。

正因爲大家平均壽命都很短促，因此能在有生之年，目睹孫子女成長，享受三代其昌也就不多，遑論四代以上。

可是，自從二次世界大戰後，全球各國民眾平均之壽命均在不斷延長中（詳見本章第一節各圖表），因此不但一家三代同堂已比比皆是，一家四代也到處可見。

這樣情形就出現了家有老老人的問題。曾祖父、曾祖母與曾孫、曾孫女未必都住在一起，但是有誰照顧年已老邁的老老人，卻不能不說是身爲兒孫兩代所要面臨的一個大挑戰。

按照台灣戶籍登記人口數，二○○七年一月十五日的資料，台閩地區年齡八十歲以上之人口總計爲四十五萬四千四百二十一人。其中以八十五歲至八十九歲之十二萬五千六百三十八人爲最多，即以年滿百歲之人瑞而言，就有一千九百三十六人。

多期望今日八十歲以上之長者，幸福、快樂、健康而長壽，在一生勞碌奔波，撫育子孫，報效國家之餘，得能眞正享受人生的

最後一道夕陽光輝，演著人生舞台的最後一幕戲。

可是，生老病死是無可避免的，年紀愈大，病痛機會愈多，健康可能一日不如一日，也是鐵之事實。其中最幸福的應該是少數還能自己照顧自己的老老人，不但遠離病痛，有時反而比他們六十歲以上的子女還健壯，可是那畢竟是少數中的少數，八十、九十以後可能嗎？

在本書第十一章第三節，談到退休後老人的居所，曾簡略提到老人之居所問題，本節將就家有老老人各種問題，包括經濟、健康狀況與情緒等有關細節進一步加以討論。

談到老老人的實際問題，我們首先需要探討的是他們的經濟情況。因為假如這些老老人手邊儲蓄頗豐，頭腦也很清楚，一般而論，健康狀況也還沒有到惡化的地步，那有誰來長期照顧他們，根本不是大問題，可是，事實上絕非如此，就算今天各方面都還算勉強可以，明日，漫漫的明日又如何，還是應該探討的。

以今日台閩地區年齡在八十五歲以上之老老人而言，他們除了政府固定的養老津貼三千元以外，很多是仰賴政府當年所撥付的退休金，以及些微之平生儲蓄。這裏又出現了幾個極為殘酷的事實：

第一，他們退休愈早，退休金愈少，也沒有18%的專案補助，而且大多是一次領足終生津貼後，定存於台灣銀行，靠一些利息維生。可是這幾年，銀行利率在定存部分不斷降低，所孳生的利息也就不斷遞減。偏偏物價指數相對地每年遞增，而相比較之下，足以維生之條件，難免不每況愈下。多年前，各報就曾報導師大前校長孫亢曾先生、名教授賈馥茗女士等二十八位，個個都在九十高壽，卻生活相當潦倒之情況，一世學識，照顧了別人，卻晚境淒苦，言之令人扼腕。

第二，他們縱有些許儲蓄，但文人大多昧於理財，將有限之

資金，作最有效運用，因此銀行利率下降半碼或一碼，他們的腰帶也就需要多勒緊三分。通貨膨脹雖幅度不大，但民生的物價之日漸提升，殆為不爭之事實。當年之一百萬，今日幣值不及其半，老老人的窮苦可知。

第三，最嚴重的事實是過去老老人的生活，還可以得到老年子女之孝敬支助，貼補必要之用度。可是，今日大多數老年人，六十左右之老年人，有幾個堪稱富裕，不愁任何開支，且有些許節餘可供養父母？他們經常是心有餘而力不足的，就算是他們還有一些辦法，有時還得優先考慮支助自己的子女，其次才恩及老老年父母！因為大數六十上下的這一代，上有老老人的高堂，下有中年成家立業還不久的子女。所謂夾心餅乾的老人，實在有時候也在萬般無奈之情形下，先顧子女及子女的子女，有點餘力的話，才有辦法來支助老老年的父母。

貧與病本來就是一對孿生兒，不是有一句話叫做貧病交加嗎？年紀愈大，生病的機會愈大，意外事件也往往層出不窮地出現，最常見的是居家、出門的摔跤事故。病痛所費不貲，在本來也許還可以勉強維持之家計外，突然增加了一筆大開銷，無疑是雪上加霜，禍不單行。

其實，還是有不少老老年人，只要各種條件允許，還是力求不要牽累子女。由他們有時寧可不跟子女住在一起，也就可知。

由**表12-4**可以看出英國及威爾士七十五歲以上的老老人居住情況。這種情況與我國所有資料也頗相似。

其次是他們的健康問題。

八十幾歲以上的老老年人，很少沒有健康的問題。

正如楊立民所譯《如何照顧年邁的父母》一書所指出：

表12-4　英國與威爾士七十五歲以上老年人居所安排

男性	夫妻同住	與子女同住	與親友同住	獨居	住在安養院	總計
75-84	63.0	2.5	4.1	25.7	3.1	100%
85以上	39.7	3.7	6.1	36.9	12.2	100%
女性	夫妻同住	與子女同住	與親友同住	獨居	住在安養院	總計
75-84	29.6	6.2	5.7	52	5.3	100%
85以上	7.9	6.7	7.6	54.5	22.9	100%

說明：1.由本表可看出男性夫妻同住人數，遠高於女性之夫妻同住者。說明鰥夫再
　　　　娶之可能性較寡婦再嫁之可能性高。

　　　2.不論男女，不論年齡，年長者與子女同住者均屬最少。

　　　3.男性之獨居者遠低於女性之獨居者亦說明了再娶之情形。

　　　4.不論男女、不論年齡，住於安養院之老老年人為數不少。

資料來源：Johnsonm, M. L. et al.(2005), *The Cambridge Handbook of Age and Ageing*.

您老爹本來充滿活力，充滿生活的樂趣，他熱切地追求著他
最新的愛好——園藝、投資、散步、逛街或者讀書。但是突
然有一天，他中了風，摔了跤，心臟病發作或是生了一場大
病，使他倒在病床上，而且久久難以康復，甚至慢慢惡化。
同樣的狀況也可能發生在你媽的身上。

老年性癡呆症、中風以及與年老有關的問題所造成的智能狀
況的惡化，乃至雖然身體還算健朗，可是腦子——以及性格——已
經衰敗到某種程度，以至你原來如此熟悉的老爹、老媽基本上已經
永遠消失了。

這種情況不論是突然發生還是慢慢地出現，都將比其他因年
老所引起的問題，帶給了全家人，尤其是年長的你造成無比的痛
苦。

當老爹、老媽開始喊著好累，行動也不如以前，更常常待在家
裏，甚至放棄過去某些特別喜愛的活動，降低了日常生活的標準，
無疑地，他們已經不能再維持一種正常、令人滿足的生活方式了。

隨著年齡的不斷增長，老老年的父母可能出現其他的跡象，說明他們已開始慢慢地走下坡路了。痛風、糖尿病、心臟病、腎臟病以及其他一些慢性病，這個時候就可能大大地影響他們活動的能力和機會。

除了以上所列的慢性病痛和嚴重的受傷情況之外，還有不少不易察覺的徵兆，提醒爲人子女者要注意父母的健康狀況。

下列各點都可能是你必須加以特別注意的指標：

· 脾氣突然地或逐漸地改變，比如特別容易生氣。
· 自制力開始減弱，判斷力出現障礙。
· 情緒消沈，極度憂悶。
· 好胡思亂想，沒有理由地落淚。
· 記憶力逐漸消退，日常生活各種瑣事糊里糊塗。
· 說話嘮嘮叨叨，語無倫次。
· 飲食習慣出現很大變化，體重突然大大下降。
· 外出時四處徘徊，毫無目的和方向感。
· 思想散漫，常常出現幻覺幻聽。
· 開始不修邊幅，不怕髒亂，不注意整潔。
· 經常埋怨全身不舒服。
· 大小便的習慣開始紊亂，控制能力出現變化。

最後，我們所最要強調的是老老年人的情緒問題。

要知道即使他們身心還相當健朗，也會常常不時地感到孤獨冷清、情緒低落及焦慮不安，甚至莫名的恐懼與憤怒。

在本書第十章「老人的心理疾病與心理輔導」第一、二、三節曾分別談到一般年長者的焦慮症、憂鬱症與情緒壓力等狀況，本節將特別談到孤獨感、恐懼症與憤怒和怨恨。

首先討論孤獨感。

孤獨感是老老年人最深刻的感受。

在很多很多家庭裏，最常見到的鏡頭是一個白髮蒼蒼的老爹或老媽，在黯淡的燈光下（他們通常是不大願意打開窗簾，迎接陽光的），一個人或者兩個人悶坐或蜷伏在沙發中，悶悶不樂地，一待就是大半天，真是李清照所寫：冷冷清清，淒淒慘慘戚戚的寫照。

衰老的症狀，疾病纏身，子孫又忙，親友也大都自顧不暇，往往使得他們將自己逃避在無限沉思默想的境界裏。老伴還在的話還好，至少有個相看兩無語的機會，如果有一個人先走的話，另外一半的境遇就只剩下萬般無奈，獨自度過漫漫長日與長夜了。

這種孤獨感到了被迫在陌生冷清的醫院病房待上幾天或幾週，或者在養老院裏待上幾年，內心的愁苦岑寂可知。

沒有真正能夠治療孤獨症的地方。身體的病痛可能隨著時間的過去，情況會好一點，可是這種孤獨感，卻是揮之永遠不去。

就算是身為年長的子女，發揮了最大的愛心，二十四小時輪流與他（她）為伴，有時還是無法消除他或她的全部孤獨感。

最好的辦法，還是在他們身體逐漸康復，精神也愈來愈好時候，幫助老爹、老媽回到原有的生活圈子，重過他們所熟悉的生活方式，慢慢地解開心田深處那個結。宗教的力量在這個時候，往往會發揮意想不到的效果。

接下來討論恐懼症。

老老年期，本來就是殘酷無情的恐懼時期。他們害怕孤獨，他們害怕經濟的狀況，他們害怕死亡，害怕自己死亡，也害怕朋友和親人的凋耗。他們害怕生病，遭受痛苦，更害怕自己越來越嚴重，喪失活動能力。

更嚴重的是他們害怕遭受家人親友的拋棄，害怕被送進養老院。這些恐懼的感覺通常很難排除，因為其中有很大的一部分都有

實現的可能性。

很多時候，恐懼一方面反應了老老年人對生活各個層面各種可能潛在的危險，另一方面也顯示了他們心中對自己重病與可能的死亡陰影的自然流露，還有一方面恐懼的感受會在某個程度之下，掩蓋了其他的陰霾。

其實，每個人都有他所恐懼的對象，包括人、事、物，在年輕力強的時候，有時反而覺得自己怕這個，怕那個。許多年輕人笑《紅樓夢》中的林黛玉葬花的鏡頭，他日葬儂知是誰的癡情，因為自己是不可戰敗，長生不老的英雄。

老老年人們，因為身體的進一步衰弱，正遭受疾病的折磨，這個時候出現一種對死亡的恐懼，反而是可以理解的。雖然他們可能表現的是害怕黑暗，或者害怕別的東西，實際上都是反映了他們對死亡的恐懼。

別空洞地以一些語言，寬慰他們的恐懼感，甚至責備他們的恐懼心態。最好的方式是曉喻以一些現實的真相，譬如說，我們還不至沒錢，養老院也不是人間煉獄，沒有什麼可怕，甚至開導以一些死亡的謎，都可以或多或少減輕他們的恐懼感。如果能夠運用宗教力量，告訴他們生命一切都有定期定時的道理，有時候也是很好的方式。

最後討論憤怒和怨恨。

憤怒和怨恨，對於一個八、九十歲的老老人來說，都是擔心失去一切，尤其是痛苦和死亡的另外一種表現形式。年齡越來越大的父母的脾氣，有時會沒有理由地在子女、親人面前大發雷霆。

心理學家認為老爹、老媽亂發脾氣，甚至自怨自艾的最大理由，是他們怨恨自己的不能再好好照顧自己，以及什麼都不能自主和獨立的情緒，產生了妒忌和極端不滿的反應。有時看不慣人家的好，更會冒火三丈！

　　實際上，很多時候，老爹和老媽，尤其是老爹的亂發脾氣，氣的是生活本身。怨天尤人地覺得生活的一切，沒有一點是讓他們感到安慰，子孫不聽話，連上帝也不聽禱告，菩薩又都不保佑，事事好像都故意跟我過不去。他們更生自己的氣，因為他們在一切事上，好像就是標準的廢物、垃圾。

　　沒有理由的憤怒和怨恨，不但毒化了自己，讓自己更不快樂，還會很快地毒化了他們和子孫、親友的關係。

　　對父母的生氣，最好的辦法，最好是傾聽，好好地察言觀色，委婉地，不作正面回應地表達你所摯情的心意。更好的辦法是讓他們把氣發洩在你的身上。很多的時候，他們的三把火不會燃燒很久，除非你頂嘴反駁，火上加油，要不，通常是不會太久的。

　　最重要的是千萬不要讓你覺得這一切都是我的錯，而湧上了自疚自責的心態。更不要以為父母是無意找碴，故意找麻煩，你的日子本來就不好，一向又是那麼克盡做子孫的責任，誠惶誠恐地與他們相處，反而弄得什麼都不對，因此也就不斷生自己的氣，隨便找一個管道發洩自己的憤怒與不滿，那就會使情況嚴重一發而不可收拾了。

　　退一步來說，因為憤怒生氣會促進腎上腺素的分泌，從而有助於防止自己對自己的過度不滿。同時，發洩了對一切忿恨的情緒，總比強抑在心頭而神傷憤慨來得好。

　　當然，如果老爹、老媽經常憤怒與怨恨，甚至出現歇斯底里（hysteria）、震顫、抽搐的狀況，就要請心理輔導專家協助了。

　　總而言之，以孝立國的我們，身為子孫，雖然自己年紀也一大把了，可是總希望與自己的父母，好好地有個美好相處，多有一些機會盡一些心意，予以多方面的協助與支援，那就需要根據上述老老年的經濟狀況、健康乃至於情緒狀況，以作為如何著手的參考。

　　我們由衷地期待，身為子女，多在平時相處中，察其言、觀

其色方面，探索他們實際的狀況，或者所面臨的問題，再參照實際的財務報表、健康紀錄與醫院中的診斷與治療情況等等，有更多認識，才能更有效地將自己完全投入老爹、老媽的心靈世界之中，共譜最美好天籟。

 ## 第三節　誰來照顧

不幸地，總有一天老人家病倒了，或是摔了一跤，動彈不得，完全失去獨立自主的能力，非有人家的照顧，甚至長期的照顧不可，那麼有誰來好好看護照料？

所謂照顧，是指照顧者對被照顧者提供身體上、物質上、精神上的照料，而且強調照顧者與被照顧者彼此之間的情感上連結（秦燕等，2001）。

所謂照顧包括：

1.身體的照料，此為最親密的部分，也就是日常活動的協助，如沐浴、更衣、梳洗、如廁、移身、餵食等。
2.物質及精神的支持，主要在物質的支援，金錢管理等等。精神方面的支持，如拜訪、社會的接觸。
3.其他方面的關心，如與政府機構或福利服務機構的周旋協商等。

照顧是漫長的一條路，短則幾個月，長達十餘年，除非病人奇蹟似地痊癒，或是不幸往生，才會告一段落。因此，那是需要照顧者長時期的完全奉獻。

國內這幾年，在各大醫院乃至一般養護中心，時見許多外籍

老人心理學

或大陸婦女，憑短時期所接受的一些基本醫藥常識，就來照顧病人，成為一種專業的看護。據行政院勞委會之統計，人數約在十四萬左右，可見有需要別人照顧人數之眾多。

但是，並不見得一般人家都有能力僱請這些護士，她們的薪津與生活支出，約在新台幣二、三萬之間，而且還要負責每週公休兩日的加班費，以及付給仲介費用。大約每名這些所謂看護，僱主每月就要負擔新台幣三萬五千元以上，對於一般僅憑薪津維持生活的家庭，實在是很大的負擔。國內如此，國外費用更是可觀。

因此，只好退而求之家人的照顧了。

與受照顧老人的關係上，不論國內外文獻的記載，依賴老人的主要照顧者最多為配偶，成年子女次之。如果是先生重病了，主要照顧者以配偶為多，但是太太重病了，則多由女兒、媳婦為主。這通常是因為夫的年齡大於妻，而女性的平均壽命又遠比男性來得高。

在國外，妻子臥病時，多由女兒來照顧，媳婦次之。國內則多由兒子及兒媳照顧為多。

女性在許多研究中，都被認為較男性承擔了更多照顧的責任和壓力。這可由傳統的對女性差異期待與性別分工方面加以解釋。

長期照顧必然承擔了來自四面八方的壓力。綜合國內外文獻，主要來自下列三大方面：

1.生理壓力：因照顧病患經驗日久，照顧者身體容易出現極度疲勞、睡眠困擾、食慾不振、頭痛、胃痛、筋骨酸痛等，其中尤以睡眠困擾最嚴重。不過，假如照顧者本身年齡已大，平時身體狀況也不算很好，甚至還有某種程度的慢性疾病，則可能照顧了別人，自己的身體也跟著不行了。

2.心理壓力：由於長期照顧病人，也會引起照顧者情緒困擾或

心理症狀，例如失落、擔心、不安、憂鬱、沮喪、焦慮、害怕、無奈、孤單、無助感、無望感與罪惡感。

3.社會壓力：長期擔任照顧老人將導致經濟上的負擔，家庭生活型態的改變、社交、宗教、休閒活動受限、家庭關係惡化、人際關係疏離等等的社會壓力。

此外，工作本身性質的未盡瞭解，也可能造成某種程度的困擾，譬如說有親友來探視病人，向照顧者詢問病情近況、治療方式及可能之發展時，因為所知有限，往往不知如何應答，造成歉疚的心理也是很自然的。

再說，照顧者是在醫院長期照顧，飲食問題一時也難解決，夜晚陪伴病人，自己總不能一直蜷伏床邊或是側臥小床邊（有的醫院不准另舖床位）。

似此等等，偶爾短時間勉強力求克服，也許還不是很大困難，可是一日又一日，長此下去，就可能有一天會瀕臨無以繼續，甚或自己也倒下去，問題自然更大！

更可怕的是長期壓抑的結果，可能肇致照顧者虐待被照顧者的不幸情況。前幾年名作家劉俠（杏林子）被看護的菲傭虐待至死的慘劇，就是令人非常傷心的例證。

因此，我們有一千個、一萬個理由大聲疾呼多年倡導的長期照顧方案應該加速、全面實施，社區照顧計畫也應加強推廣，給予家庭照顧者一些喘息的機會，不至過分疲勞，更不致因為壓力過大，嚴重地影響了他們身心的健康。

我們更由衷期待普設老人養護中心，由政府給予更多支持並加以督導，讓一些年長者願意考慮進入養護機構，以減輕需要長期照顧者之各方面沉重負擔。

 ### 第四節　隔代教養──阿嬤的悲歌

「我的媽媽是阿嬤，我的爸爸是阿公」，絕對不是一則笑話，而是今日台灣不少家庭，尤其是弱勢家庭中，活生生的悲歌。

《聯合報》民國九十六年四月二十五日第一版就曾有一名國中一年級楊姓學生逃家行乞，夜宿狗窩，阿嬤痛風發作仍到處尋尋覓覓的報導。

《商業周刊》二〇〇四年五月三十一日所發行的名為「阿祖的故事」專刊，就曾列出國內各縣市單親及隔代教養兒比較表，指出全台灣學童中平均有11.07%的學生是單親及隔代教養者，其中尤以花蓮之22.34%、台東之18.09%及澎湖之17.31%為最多。想想看這些數字代表些什麼？

《商業周刊》並以〈落跑父母激增〉一文，指出台灣新生兒二十七年間少了一半，被阿公、阿嬤養大的孩子，十年中卻增加一倍，因為愈來愈多的父母選擇落跑，造成失去家庭保護傘的孩子暴增。

台灣大學社會學系教授薛承泰發現祖孫戶的急增，以家戶別來區分的話，祖孫戶在十年間成長一倍。事實上，這個數字還略嫌保守。

圖12-2顯示七成的國小、國中教師同意隔代家庭會越來越多。

更有30.8%教師認為父母無心照顧，因為愛自己比愛小孩多。而且無力照顧的父母交由孩子的阿公、阿嬤來收養者更高達70.4%。**圖12-3**可資證明。

台大教授馮燕並指出，不願照顧孩子的情況不只發生在中下

階層，在很多高成就者身上，也都出現不願帶小孩的情形。

　　薛承泰更指出近年來國內一個值得注意的問題是，主動選擇不想要孩子的女性逐漸增多，間接使得單親男性比重上揚，不論是為了事業，或是不願繼續忍受失敗婚姻，而選擇放棄子女撫養權的女性日益增多。

　　而單親男性因為面子問題，往往在遇到困難時，不若單親女性會主動向外求援，問題可能惡化到狀況百出才會被發現。尤其是在經濟不景氣時，單親男性中酗酒、失業，甚至將孩子丟給祖父母的狀況，在非都市地區更是非常普遍。

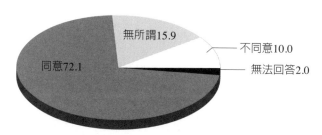

圖12-2　超過七成的老師同意隔代教養家庭越來越多（單位：％）

資料來源：《商業周刊》（〈隔代兒與單親兒趨勢調查〉）。

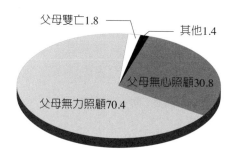

圖12-3　超過三成的老師認為父母無心照顧小孩（單位：％）

註：本題為複選。

資料來源：同圖12-3。

　　未婚生子，更助長了隔代教養發展的趨勢。離婚率的不斷增加也是形成單親家庭與隔代教養的一大主因。這幾年迎娶外籍配偶的許多弱勢家庭中，更不乏這些現象。

　　談到隔代教養，大家所最關心的是這些孩子的成長與發展問題，我們所更關心的卻是阿嬤、阿公的處境與永遠沉痛的負擔。他們大多是貧窮、老邁，身體衰弱，甚至百病交集的一群。一般來說，他們都屬於低收入戶，教育程度又低，要想出賣一些勞力，多打一些工，賺一些錢，也往往不大可能。

　　儘管有些善心社會人士，有時也會對這些阿公、阿嬤及隔代教養的孩子，伸出援助之手。但是，杯水車薪，連燃眉之急都解決不了，遑論長期之救助！

　　我們退一步想，如果沒有這些阿公、阿嬤的收養，爲數幾達三、四十萬的隔代教養孩子，又將增添社會多少問題困擾！因此，我們有理由一方面向那麼多的阿公、阿嬤，致最大的敬意，另一方面也大聲疾呼，懇請朝野人士對這些不幸的孩子們，提供更多實際的協助，包括經濟援助、家長心理諮商、學生心理輔導以及社區雪中送炭的計畫。

　　我們絕不希望這些阿公、阿嬤在老年殘燭中，因隔代教養的孫子女，造成更多不幸。同時，這些小孩的確需要整個社會來關心，這不僅攸關這些孩子的未來，更是維繫台灣未來競爭力最大的挑戰之一。至少我們不希望讓隔代教養成爲阿公、阿嬤的心結，成爲社會的千千結。

第五節　結語

　　世事古難全。人生的道路本就崎嶇難行。個人如此，家庭更是如此！

　　當我們殷切期待家齊而國治，天下人家都像你我家庭那樣的美滿、安康又和諧的時候，偏又是一些年長者面臨了永恆的喪偶之慟。自己的身體又不好，禍延子孫，造成誰來照顧的困境。這些等等，都是我們所不願見到，偏又是可能就出現在我們的周圍，甚至出現在你家的左鄰右舍！隔代教養更是多少阿公、阿嬤的永遠擺不脫的夢魘，這個社會是整體的、休戚與共的，又豈可不給予更多關心！

進一步的問題...

一、為什麼喪偶之慟，永遠都是人生最大的痛苦？

二、你家的爺爺、奶奶都很健康嗎？爺爺、奶奶之上，是否
　　還有太爺爺、太奶奶？你們常去看他們嗎？

三、假如家中不幸有一個長者生病了，而且是很嚴重的病，
　　需要人家長期照顧，你想，該由誰來照顧是最好的安
　　排？

四、班級中可有誰曾擔任過社會志工的角色，幫助過一些阿
　　公、阿嬤與隔代教養的孩子？如果有，可否請他或他們
　　提出一些實際報告與感想？

第十三章
老人之死

老人心理學

　　不論古今中外，大家都知道生命一定有它終了的時候，可是似乎很少人去談論它。連孔老夫子都說：「不知生，焉知死。」宗教家又過分利用人之怕死，來渲染死之可怕！

　　將生死這麼一個大問題，正式由學者專家進行研究，始於二十世紀的七十年代。當時大家所熱衷的是生物的層面，大多與老化、生命終點連成一氣。其後，慢慢討論到心理與社會層面，促使世人除了應關切走向死亡的人之外，也應該注意到活著的親朋好友。

　　本章將分別談到生命臨終的學問及相關的議題。

 ## 第一節　生命臨終的學問

　　先請看兩個個案：

個案之一

　　黃老太太，一位八十一高齡的退休教師。她一向身體很不錯，勤於運動，從不抽煙酗酒，生活也很規律。自從寡居以後，大部分的時間都投注於社會公益之上。

　　最近，一個偶然的機會，黃老太太陪一位比她年紀還大兩、三歲的鄰居，去接受身體檢查，順便她自己也跟著做了全身的檢查。當醫生看過她的檢查資料與Ｘ光片之後，委婉但很坦率地告訴她，她有肺癌的症狀，要趕快做必要的治療。黃老太太聽到這晴天霹靂的消息，最初是一百個不相信，然後才想到過世的黃老先生是一個老煙槍，也是因為肺癌才過世。心情的低落可想而知，又想到她的一個獨生女，遠嫁美國。治療的費用一時也許還沒有什麼問題，可是萬一真的病

倒了，有誰能照顧？更可怕的是她心理從來沒有想過死這個字，更不曾有什麼死亡的心理準備。心情之壞可想而知。鄰里朋友聽過之後也非常非常難過，社區人士更發動提供各種支援性的服務，稍微溫暖了黃老太太的心，可是日子怎麼走下去，既對死亡有千百個的恐懼，更對治療不抱任何信心，只是不到十天的時間，黃老太太已經幾乎快崩潰。

如果你是一位心理師或是社會工作員，你將如何伸出你的手，來幫助這位黃老太太？

個案之二

陳先生這幾天是生不如死，痛苦萬分地過著不見天日的日子。事情是這樣子的：上一個週末，陳先生與陳太太難得有那麼一個雅興，開了剛買不久的新車，想到郊外走走，一路上說說笑笑，好不快樂。陳先生不斷自信說開車多穩當。不幸的是在一個急轉彎的地方，被後面一個沒有駕照的年輕人所開的一部贓車撞過來，陳太太當場被衝擊而重傷，還沒有趕到醫院，就贓已經沒有氣息。陳先生之悔恨痛苦，不言而喻。

如果你要安慰這位因車禍而猝死陳太太的先生，該如何幫他的忙？一兩句生死有命，就能夠減輕他的痛苦嗎？

其實生死是一個大學問。存在主義在這方面，倒提供了一些具體的看法。存在主義認為生與死是相互依存，他們並不把死亡看作負面的事件，而認為有死，才顯出生的意義。它的幾大主題是：

1. 自我覺察能力的開拓，有助於增進體驗生活能力。
2. 生命的意義在於更多的投入在愛、創造、自由和責任、工作和建設性的生活之中。

3. 一個人生活的最大價值在於透過對死亡之正確認識達到自我之認同，祛除孤獨的感受，進而關懷更多人。

4. 焦慮本身也有正面的意義，因爲焦慮，我們才能引發新的思維，導致新的生之感受。

5. 當我們察覺生命之苦短與死亡之必至，才會發現永遠沒有足夠的時間來完成你的構想、計劃與那麼多想要去做的事，因此片刻就是永恆。每個人都應該緊緊地抓住現在的每一分每一秒。

存在主義者常常將時間分爲過去、現在和未來。我們每一個人背負過去的歷史我，另一方面當下我有絕對的自由決定一切，投射向未來。人存在從無到有，再從有到無，一直在向著死亡。人的存在，最後仍將歸結於空無，因爲每個人都將也必定會走向死亡。

存在主義堅持，對於死亡的察覺，乃是人類賦予生命意義的一種基本情緒，我們都不應該以消極的眼光來看待死亡。對死亡的察覺在心理治療上扮演了極爲重要角色，因爲它是幫助我們改變舊習，以更眞誠的方式面臨未來。當我們不再恐懼死亡，就可以積極地評價目前的生活型態，並正面的思考，我們該在生命中持應有的積極態度。換一句話說，死亡使生命更具意義，進一步爲創造自我存在負責，能以主觀、個別的體驗來選擇自己認爲最有意義的人生，眞正做到生有何歡、死有何懼的心理境界。

其次，讓我們看看人們對死亡的一般看法。

對於一般成人來說，死亡的意義是因年齡之不同而不同。三十剛過的成人，認爲那是好遙遠的事。四、五十歲的成人，可能在目睹親朋故舊病、老、死的一些鏡頭，開始有點感傷；五、六十歲的長者就可能感到死亡之陰影，而感嘆生命之無常。六十歲以上的成人對死亡感受當然更深切。

二十世紀八十年代，歐美倡行一種極爲樂觀的主義，認爲一切都是完美的，那些不如意的事，包括哀傷、意外事件與死亡的事，都是人家的事，與我可關？生命本來苦短，又何必爲自己找煩惱！先求今天的樂趣都來不及，一切等明天再說。因爲心情快樂，人體就必然健康，身體既健康，疾病與死亡就不可能發生在我的身上。

不少研究都發現，今天年輕的一代對於自己過分樂觀，導致對未來的一切毫無心理準備，而這種心態也感染了不少年長的人士。

將死亡視爲人生最大的損失（loss），是年過中年，打拼了半輩子的四、五十歲，各方面都站在高峰人士的普遍感受，認爲死亡將剝奪了他的一切，包括金錢、名利、愛情、家庭與子女。一項全美國的研究指出，美國的學者發現不論是白人、黑人與亞裔的美國人，在被問到如果醫生告訴你得到不治之疾，恐怕只能活六個月，你想怎麼安排這僅有的半年時間的一般反應，幾乎都是要跟家人在一起，多留一些東西，至少回憶給他們！問到他們最不捨的事是什麼，大部分的回答是沒有充分享受人生！

 ## 第二節　擺脫死亡陰影

儘管沒有人常常想到「死」這一個字，可是對於那些老年人來說，有時卻不由得念到它。故舊半爲鬼，親朋好友先後離開人世的訊息，至少收到人家白帖的時候，死亡的陰影就可能慢慢湧上心頭，不思量，自難忘！

其實，年輕人、中年人也都可能在生命感到脆弱，意志較爲

消沉，或者久為病痛綑綁，情關失利之餘，想到「死」這一個字。Cameron、Stewart與Biber（1973）曾訪問過4,420個自十九歲至九十九歲的個體，問他們說：「在過去幾天，當你一個人獨處的時候，有沒有想到生與死？」這一個問題，結果在接受訪問的對象中，百分之七十都承認的確有想到，同時年齡越大，諸事不順的男女中，表示的確「有」的情形愈來愈高。

值得注意的是，在訪問對象中，女性，尤其是年長的女性都回答不但常想到死亡，而且有時是她們談話中主題之一。如果再請問她們是不是對死亡抱了什麼樣的態度，所得到的答案，似乎千篇一律地表示，「的確有些恐懼，因為好多的事都還沒做」；「過去吃了那麼多苦，總該讓我好好過點好日子」，「孩子還小，怎麼可以撇下不管」等等。

相反的，在男性，尤其是年長的老年人，似乎表現得灑脫、自在得多。是不是男兒有淚不輕「流」，或者覺得現在活得還不錯，身體還很硬朗，一時還死不了，或者是否還有些事是只可意會而不可言傳，那就很難說了。

調查顯示80%以上美國人，表示自己並不怕死，但是有人認為有點誇張。因為問卷題目過於單純（「你怕死嗎？」），不足以揣測受訪者對此一嚴肅問題的真正心態。另一問卷是Kalish與Reynolds（1976）所設計的其中有一個問題是這樣的：假如醫生告訴你，你只能再活六個月，你將如何安排這六個月的時間？受測者的回答就很值得玩味。

由**表13-1**可看出不同族群與不同年齡組群，對於被告知僅有六個月生命的時候的反應，所表現的差異。這些不同心態也可供參考。

Jeffers與Verwoerdt（1987）則以未完成句子，請人回答有關生死的意見，從而進一步探索他們對於生死兩方面的看法。問題包

表13-1　假設死亡已經接近，你將如何安排？

項目	美國黑人	墨裔美人	白種美人	20-39歲	40-59歲	60歲以上
讓生活好好改變一下（譬如說到遠方旅行）	16	11	17	24	15	9
好好反省自己的所作所為，好好禱告	26	24	12	14	14	37
發揮更大愛心助人為善	14	38	23	29	30	12
好好把末了的事完成	6	13	6	11	10	3
不想有所改變	31	15	36	17	29	31

資料來源：Kalish & Reynolds(1976), *The Developing of Age*.

括以下三大方面：(1)當一個人死亡的時候……(2)死亡是……以及
……(3)當哪一天我快死了，我會感覺到……

所有回答，可以分為下列五大類：

1. 有一些人將之視為生命之轉捩點，死就是生之延續：他們所
填寫的句子，如「他是暫時休息」，或者「我的精神和我的
靈魂將永遠存在」。

2. 另外一些人將之視為人際關係之調整：譬如說「我將與那些
先我而走的人再度相逢」，或者說「我將暫時與所愛的人別
離」。

3. 還有一些人將之視為生命冊中算總帳的時候，「我的人生道
上都是行善的多，因之該會得到榮耀的冠冕」，或者說「我
將可能受到某些懲罰，因為我做虧欠的事太多了」。

4. 還有一些人是這麼說的：「有什麼可怕呢？至少我現在還活
得好好的」，「不過對我來說，對於死亡，還是蠻好奇的」。

5. 不少人將死認為是自己的大敵人，它是魔鬼的化身，是一切
痛苦之根源。

如果請各位讀者，來填寫這些未完成的句子，你將如何下筆呢？

綜合以上各家意見，似乎可以歸納爲：

1. 死亡對於許多人來說，是一個令人不快樂的陰影。
2. 大多數人都想過死亡這麼一回事，不管是那一族群、那一個年齡組合的個體。正面的似乎多，負面比較少。
3. 年齡越輕，似乎對死亡有些恐懼，至少有些焦慮，相反地，年齡越大，似乎比較會以正面眼光來看它。
4. 社會地位愈高，對於死越敵視，相反地，社經地位愈低，愈能坦然面對它。

 ## 第三節　搭上死亡的列車

不管一個人對於死亡，是抱著樂觀、悲觀、痛苦、拒絕、恐懼或焦慮的態度，當醫生已經盡了最大的努力，醫術可能延緩生命的腳步，但是病人要想從死亡列車下來，卻已是萬萬不可能的時候，也正是病人和家屬面臨最艱辛的抉擇的時候。

現代的進步醫術，可以透過一種綜合的技術，協助病人苟延殘喘：心臟復甦術（CPR）、機械呼吸術、腎臟滲析術、鼻胃管灌注術、各種抗生素的加強，在病人家屬的要求下，讓病人一點點的生機維持一點點的時間。

可是，有些病人並不樂意接受任何可能拖延生命的方法，有些家人也不喜歡看到他們所熱愛的人，那樣痛苦地受著更大的折磨，因此加速了死亡列車的疾馳，在一時間苦痛之後，坦然面臨生與死的決戰時刻。

其實，當病人知道了他將不久人世的時候，心靈上是經過幾個不同階段的煎熬。尤其是當他面對家屬、親朋好友的時候。

Küber-Ross（1969）曾訪問兩百位正走向死亡的病人，對於他將不久人世的最初反應到最後心態的研究。兩百位受訪者以及他們的家屬從最初的拒絕訪問，到最後瞭解學術性研究的價值，終於合作地透露了心聲。其研究發現，一般人面對死亡的心理反應，可分為五階段：

一、否認與孤離

他們最初的反應是極端的震驚，立即否認生命的已近尾聲，而不斷反問：「為什麼？該不是上天對我的一些警告吧。」這種否認部分出於害怕，部分則出於一些希望，譬如醫師之誤診、各種丹方的尋求等等。

暫時的否認，給了病人以及病人家屬片刻的安慰，舒解了一時椎心之痛，甚至有些人真的期待宗教奇蹟，以為病人總會躲過死亡！可是，眼看病情之逐漸惡化，病人之飽受痛苦和煎熬，親屬們也就不得不承認這痛苦之事實，病人也心知肚明，無法不接受命運之擺佈！

二、忿怒

一旦病人瞭解自己的確病情已經不輕，忿怒與痛恨的情緒就吞食了自己，不時地怨天尤人，怪罪著造化之弄人，怪罪著上天為什麼不讓這個可怕的事實發生在別人的身上，卻偏偏在我的身上！這一階段對於病人家屬，他的態度經常是極端的不友善。開水太燙，床舖太硬，食物太差，房間空氣太悶，都是他遷怒家人的藉口，甚至罵醫生醫術不精，護士的冷漠無情，以及很久沒來探望的親朋好友，反正是什麼都不對，什麼都該死！

心理學家都認為這種遷怒的情緒是正常的反應，可以暫時讓病人轉移自己疼痛與憂愁的感覺。家屬千萬不要，也不必編什麼話語來寬慰他，更不可因他的這種反應而疏遠他。一切順其自然，反而最好。

三、協議或討債還價階段

病久了，也知道自己的日子實在不多了，更清楚怨恨怒罵只是增添自己與四週人的不快，心也就慢慢平靜下來了。可是一想到多少心願還未完成，多少理想只差臨門一腳，因此就不免企求蒼天的垂憐，讓未酬的壯志，能夠在這最後的一些日子裏完成，那就真可以無牽無掛走了。

於是乎他以從未有過的虔誠，祈禱上天的祝福，並承諾對過去有恩恩怨怨的人，有恩的報恩，有怨的以笑一化千仇。同時，更努力地與醫生、護士合作，反而勸慰家屬說他會沒事的。

遺憾的是醫藥有它的極限，生命也有它的極限，當病人自知一切的期望只不過是一場夢，又陷入憂鬱的深淵中。

四、憂鬱沮喪

當病人瞭解一切希望都是幻夢，眼看自己日子實在不多，就不免身陷在極端憂鬱與沮喪之中。

他可能整日不言不語，悶悶不樂，乃至拒絕飲食，也不肯接受醫藥的治療。這一段時間對病人的家屬而言，是最痛苦的階段。萬般的無奈與深深的無力感，只有忍著讓自己的眼淚不要掉下來，卻不知道如何強顏勸解。

病人的憂鬱與沮喪是很容易理解的。他一方面為將失去的一

切而悲傷，也爲即將面臨的死亡而沮喪不已。那種失落感是需要以大無畏的精神加以克服的，這時候，宗教信仰的力量是可以發揮一些微妙的作用的。

五、接受

經過一段極端的憂鬱和沮喪，病人意識到時候已將到來，反而要求活著的人要堅強，不要難過，不要爲他悲傷。同時，更希望他們多陪他一些時間，甚至讓他有機會多看這個世界、所有其他的親人一眼，毫無遺憾地離開這個世界，走向不知名的地方。

當然，每個瀕死的病人所經歷的各有不同，有的是含恨以終，有的是含笑撒手人寰。其中差異，宗教扮演了一個很重要的因素，家人的溫情、個人過去修心養性的功夫，也有很大的關係。我們所要強調的是，希望大家都在生與死之間，洞察死亡的必然性。

 ## 第四節　撫慰親人

曲終人散，對往生者來說，不管走過死亡之路多麼的痛苦與艱辛，其實更痛苦的應該是那些親人。如何予悲傷者一些安慰，稍微化解一些他們心中的憂傷，實在是一件很難很難的事，可是卻是我們所應該努力的。

固然對那些親友來說，陪伴那位踏死亡列車已經那麼久的病人來說，他們心中也許已經有了最壞的準備，甚至眼看病榻纏綿，形體日衰，有時也覺得如果能夠早日解脫未嘗不是萬般無奈情緒中的最後抉擇。可是，真的當死神的陰影來到的時候，百般痛苦之

中，還是需要人家給他一些安慰。

如何用我們最誠懇的心，最溫暖的手，最易扣人心弦的言辭和最純真的情意來撫慰親人，以下是幾點建議：

1.應對往生者的生前一切，有更多的瞭解，譬如說他的宗教信仰，生前最喜歡的人與物，以及平常最得意的事，都應該考慮。如果你知道往生者是一位虔誠的基督教徒，而且你也知道你所要撫慰的親友，也是愛主極深的基督徒，不妨表示往生者將安息天家，神一定會指引接納，共享天國繁華。如果你知道往生者是信佛極深的佛家子弟，開曉一些西天樂土的話語，亦將達到某些效果。

2.哀悼親人的過世，是對照顧者很個別化的歷程。有些照顧者一開始覺得非常麻木，面無表情地瞪視四周的人，這時候，哀悼者應該靜靜地，讓他們先有個喘息、整理思路的機會，千萬不要給予任何的刺激。如果他們一直在嚎啕大哭，也請不要加以任何阻止的言語與行動，更不需與哀慟者一直同聲大哭，讓他們盡情地發洩心中的哀傷。

3.在撫慰失去親人的哀傷者，所要強調的是讓他們接受失去的現實，要他們深切體會固然你再也見不到他的肉體，但要相信他的靈魂一定會繼續存在的。尤其是撫慰者勸解的時候，多引用《聖經》的金句，或者低聲吟唱幾首聖詩，都將有想不到的效果。

4.撫慰失去親人的哀傷，請不要講一些空洞的大道理，什麼「有生必有死」、「生命本來就是很短暫的」、「你要堅強地活下去，因為天上、地下他如果有知，一定不願意看到你還在一直為他哭泣」等等八股文章。有時候，只要緊緊地拉著哀慟者的手，用你的深情凝視他，都勝過千言萬語。

5.撫慰親人，該是一條漫長的路。如果可能，不時地透過電話、簡單弔唁的卡片，表示你對他永恆的關懷與祝福，也將帶給人家無比的溫馨。

6.如果可能經常造訪這些親人，並邀請他們儘可能參與社區的活動，但是不要勉強，更不要操之過急，以免適得其反。

7.去探訪這些剛失去所至愛的人的親朋好友，服裝應力求樸素，表情應力求自然，多聽、少說。如果是同性，不妨輕握著人家的手，或者輕輕拍人家的肩膀，以示親切。交談時，身體應稍微向前傾射，但是除非深交，最好要保持一些距離。

 # 第五節　結語

孔老夫子說：「不知生，焉知死。」存在主義卻認為不知死，焉知生，反正我們都是百代之過客，既來到人生舞台，就終必有曲終人散、落幕身退的時刻。

的確有太多人，認為死是禁忌，更缺乏對死應有的正確看法，終日汲汲營營，以為擁有現在，就可以掌握永恆，殊不知一切盡都如浮雲輕煙。生固有時，死也必有時，因為天下萬物都有定期。

本章所提的兩個個案，都可能發生你我的周圍，如何加以心理輔導，值得我們進一步思考。而存在主義的精髓，就是透視死之真正含義，而體認生命之精華。活在當下，努力面前，當為大家都應該努力的方法。

擺脫死亡的陰影，瞭解死亡的過程，都是一般人，尤其是老

年人所應該學習的功課，願大家都能因多多瞭解死亡之意義與必然性，有了更好的心理準備。

　　慰撫往生者之親朋好友的心靈，不是一件容易的事，卻是我們都必將面臨的考驗，值得三思。

進一步的問題...

一、對於死亡的真正意義，你認識多少？

二、請批判存在主義對於死亡的看法。

三、請進一步闡明Küber-Ross對於被告知不久人世的病人的反應歷程。

參考書目

一、中文部分

內政部（1999），〈台閩地區老人長期照護安養、養護機構概況〉。

內政部（2002），〈中華民國九十一年台閩地區老人狀況調查摘要分析〉。

內政部（2002），《中華民國台閩人口統計季刊》。

內政部（2004），《社區發展》，第106期。

內政部（2004），〈促進民間參與老人住宅建設推動方案〉。

內政部（2005），〈民國九十四年台閩地區重要人口指標〉。

內政部（2006），〈近年我國老人人口數一覽表〉。

王克先（1987），《學習心理學》。台北，桂冠圖書公司。

王正一（1999），《健康快樂100歲》。台北：天下遠見出版。

王瑋等（1990），《人類發展學》（下）。台北：華杏出版。

王麗芬編（1980），《60歲以後的健康》。台北：國家出版社。

王凱竹譯（1994），《現代人如何奉養雙親》。台北：遠流出版。

白秀雄（1996），《老人福利》。台北：三民書局。

左學禮（1977），《發展心理學》。台北：商務印書館

行政院主計處（2004），《戶口及住宅普查初步綜合報告》。

行政院經濟建設委員會（2003），〈照顧福利服務及產業發展方案〉。

行政院經濟建設委員會（2004），〈中華民國台灣民國九十三年至一四○年人口推計〉。

行政院經濟建設委員會（2005），〈照顧福利服務及產業發展方案第一期計畫總檢討報告〉。

行政院衛生署（1998），〈老人長期照護三年計畫〉。

行政院衛生署（2000），〈醫療網第四期計畫——新世紀健康照護計畫〉。

行政院衛生署（2004），〈台閩地區長期照護機構歷年成長圖〉。http：//www.doh.gov.tw。

朱岑樓（2004），《黎牧文集》。台北：合益製版有限公司。

全映玉譯（1994），《如何享受老年》。台北：遠流出版。

呂麗芬（1995），《不老的身心》。台北：遠流出版。

沙依仁（1986），《婚姻與家庭》。台北，隆騰印刷公司。

沙依仁（1996），《高齡學》。台北：五南圖書。

李平譯（1999），《經營多元智慧》。台北：遠流出版。

李宗幸譯（1999），《老人安養手冊》。台北：洪葉文化。

李開敏譯（1996），《老人福利服務》。台北：心理出版。

李美枝（1987），《社會心理學》。台北：大洋出版社。

沈定國譯（1992），《你也可以活100歲》。台北：方智出版。

吳東權（1998），《越老活得越好》。台北：希代出版。

吳震環譯（2006），《銀髮族的全人關顧》。台北：華宣出版有限公司。

洪鳳儀（1996），《生涯規劃自己來》。台北：揚智文化。

徐立忠（1995），《中老年生涯規劃》。台北：三民書局。

柯素娥（1994），《老人看護指南》。台北：大展出版。

姜德珍（1998），《老年心理與自我調適》。合肥：安徽科學技術出版社。

秦燕等（2001），《安寧與緩和療護學》。台北：偉華書局。

莫藜藜（1998），《醫療社會工作》。台北：桂冠圖書。

張春興（1989），《張氏心理學辭典》。台北：東華書局。

張春興（1996），《心理學》。台北：東華書局。

張鐘汝、范明林（1997），《老年社會心理》。台北，水牛出版社。

梅可望（1997），《不老的秘訣》。台中：中華民國幸福家庭協會。

梅可望、黃堅厚（1997），《老人生涯規劃手冊》。台中：中華民國幸福家
　　庭協會。

楊國樞、葉啓政（1991），《台灣社會問題》。台北：巨流出版。

孫安迪（2006），《10大老化警訊》。台北：時報出版。

孫得雄（1997），《人口老化與老年照護》。台北：巨流出版。

陳怡潔譯（1998），《人類行為與社會環境》。台北：揚智文化。

彭駕騂（1996），《婚姻輔導》。台北：巨流出版。

彭駕騂（1999），《老人學》。台北：揚智文化。

彭懷真（1996），《婚姻與家庭》。台北：巨流出版。

郭靜晃等（1998），《社會問題與適應》。台北，揚智文化。

曾文星、徐靜（1985），《精神醫學》。台北：水牛出版。

陳宇嘉等（1996），《高雄縣老人福利提供與需求評估研究》。高雄：高雄縣政府。

黃富順（2002），《老化與健康》。台北：師大書苑。

黃源協（2002a），〈社區照顧服務輸送模式之探討〉，《社會政策與社會工作學刊》，4卷2期，頁179-220。

黃源協（2002b），〈社區照顧團隊的建構與管理〉，《社區發展》，92期，頁141-159。

黃瑞杉（2004），《照顧服務產業初步評估——以雲嘉南辦理非中低收入失能老人居家服務方案為例》。南華大學非營利事業管理研究所碩士論文。

黃美娜（2005），〈台灣老人長期照護服務政策〉，《社區發展》，110期，頁29-32。

賈淑麗（2000），〈台灣居家護理現況分析〉，《社區發展》，92期，頁55-65。

溫秀珠（1996），《家庭中婦女照顧者角色形成因素與照顧過程之探討——以失能老人照顧為例》。台灣大學社會研究所碩士論文。

葉至誠（1998），〈老人安養問題之探討〉（上）（下），《社會福利》，134期，頁53-58；135期，頁55-60。

楊立民譯（1993），《如何照顧年邁的父母》。台北：業強出版社。

楊永妙（2002），〈迎接老年少子新世代〉，《遠見雜誌》，195期，頁86-216。

楊瑪俐（2002），〈更加養不起的未來〉，《天下雜誌》，249期，頁122-164。

楊培珊（1997），〈失智老人之社區照顧〉，《福利社會》，163期，頁1-4。

楊漢湶（1993），〈台灣地區老人醫療照顧現況與問題探討〉，《社區發展》，64期，頁71-83。

蔡文輝（1988），《婚姻與家庭——家庭社會學》。台北：五南圖書。

萬育維譯（2004），《老人照護工作——護理與社工的專業合作》。台北：洪葉。

潘淑美、林萬億（2000），〈居家失能老人照顧津貼——以台北縣為例〉，

《社區發展季刊》，92期，頁99-112。

潘淑滿（2003），《質性研究：理論與應用》。台北：心理。

葉家興譯（2005），《世代風暴：人口老化即將引爆新經濟危機？》。台北：左岸，頁19-28。

劉震鐘、鄧博仁譯（2005），《死亡心理學》。台北：五南圖書。

鄭讚源（1993），〈多層次面向的老人安養照顧服務體系——我國老人安養照顧系統的四個整合方向〉，《社會福利》，126期，頁15-23。

簡春安、鄒平儀（1998），《社會工作研究法》。台北：巨流。

譚家瑜譯（2005），《幸福退休新時代》。台北：遠流出版。

蘇麗瓊、黃雅鈴（2005），〈老人福利政策再出發——推動在地老化政策〉，《社區發展》，110期，頁5-13。

蘇景輝（1999），〈社區照顧實務探討〉，《社區發展》，87期，頁225-236。

二、英文部分

Abbot, P. (1994), Conflict over the grey areas: district nurses and home helps providing community care. *Journal of Gender Studies*, 3(3), 299-306.

Amerz, A. T. (1993). *Sociology and People*, N. Y.: McGraw-Hill Co.

Barash, D. P. (1983), *Aging: An Exploration*, University of Washington Press.

Belsky, J. K. (1994), *The Psychology of Aging*, Brooks/Cole Publishing Co.

Belsky, R. (1989). *Psychology*, Harper Publishing Co.

Benjamin, H. (1997). *Marriage and Family*, Springer Publishing Co.

Birren, J. E. (1991), *The Psychology of Aging*, Perntice-Hall Inc.

Boyd, D. & Bee, H. (2006), *Lifespan Development* (4 edition), Pearson Education, Inc.

Cameron, P. (1975). *Psychology*, N. Y.: McGraw-Hill Co.

Cameron, P., Stewart. L. & Biber, H. (1973). *The Psychology of Aging*, Harper Publishing Co.

Cartell, T. D. (1971). *Intelligence*, N. Y.: McGraw-Hill Co.

Cohen, G. D. (2001), *The Creative Age*, Quill Harper Publisher.

Connid, I. A. & Davis, H. N. (1997). *Marriage and Family*, Springer Publishing Co.

Cross, J. A. & Markus, B. (1991). *Social Psychology,* Books/Cole Publishing Co.

Cumming, E. & Henry, W. (1961). *The Modern Sociology*, N. Y.: McGraw-Hill Co.

Davenport, G. M. (1999), *Working with Toxic Older Adults*, Springer Publishing Co., Inc.

Elison J. (2003), *Liberating Losses: When Death Brings Relief*, Perseus Publishing.

Ernie, D. S. (2004). *Sociology*, Harper Publishing Co.

Ester, E. H. et al. (1988). *Sociology and Daily Life*, Prentice-Hill Inc.

Goldberg, E. (2005), *The Wisdom Paradox*, Cotham Books.

Harlen, W. H. (2001). *Marriage and Family,* John Wiley Co.

Harmen, D. B. (1975). *The Changing Society,* Harper Publishing Co.

Hayflick, B. (2002). *The Old People*, Harper Publishing Co.

Hummert, M. & Shanner, J. (1994). *Cognitive Functions of Old Age*, N. Y.: McGraw-Hill Co.

Jeffers & Verwoerdt (1987). *Aged and Aging*, Harper Publishing Co.

Johnson, M. L. et al.(2005), *The Cambridge Handbook of Age and Ageing*, Cambridge University Press.

Kalish, R. A. & Reynolds, D. K. (1976). *The Developing Age*, John Wiley Co.

Kübler-Ross, E. (1969). *On Death an Dying*, New York: Macmillan.

Kupersmidt, J. B. & Bengston, P. C. (1983). *The New World*, N. Y.: Prentice-Hill Ine.

Lemon, P. et al. (1972). *Sociology*, N. Y.: McGraw-Hill Co.

Levingstones, D. J. & Hopkins, C. A. (1990). *Development Psychology*, Books/Cole Publishing Co.

Levinson, D. J. (1990). A theory of life structure development in adulthood, In C. N. Alexander & E. J. Langer (Eds.), *Higher Stages of Human Development* (pp.35-54), N. Y.: Oxford University Press.

Marshall, V. W. (Ed.)(1986). *Later Life: The Social Psychology of Aging*, Sage Publications, Inc.

McFadden, S. H. & Atchley, R. C. (2001), *Aging and the Meaning of Time*, Springer Publishing Co.

Meeks-Mitchell, L. (1987). *Health: A Wellness Approach*, Merrill Publishing Co.

Mitchell, C. M. & Linda, M. (1998), *Sociology*, Merrill Publishing Co.

NASW. (1999), Code of ethics, National Association of Social Workers. http://www. socialworker.org/pubs/code/code/asp.

National Association for Home Care (2001), Basic Statistics about Home Care. http://www.nahc.org.uk.

National Association for Home Care (2001), How To Choose a Home Care Provider, http://www.nabc.org.uk.

Parkes, C. (1972). *The Widows,* N. Y.: McGraw-Hill Co.

Perlmutter, M. & Hall, E. (1992), *Adult Development and Aging* (2 ed.), John Wily & Sons, Inc.

Prager, E. (2001). *Nutrition and Exercise*, John Wiley Co.

Rown, J. (1990). *Gerontology*, N. Y.: G. P. Putnam's Son.

Schaie, K. W. & Carstensen, L. L. (2006), *Social Structures*, *Aging, and Self-Regulation in the Elderly*, Springer Publishing Co.

Schaie, K. W. & Haffler, S. (2001). *The Agers*, G. P. Putnam's Son.

Sigelman, C. K. (1991). *Life-Span Human Development*, Books/Cole Publishing Co.

Smith, G., Doty, P. & O' Keeffe, J. (2000), Supporting Informal Caregiving (under Medicaid), National Family Caregiving Support Program.

Solomon, B. & Garaner, H. (1999). *Educational Psychology*, Scott Foresman Co.

Stito, A. (2006). *Mental Health*, Harper Publishing Co.

Terman, J. (1972). *Psychology and Daily Life*, Books/Cole Publishing Co.

Zelinski, P. T. (2004). *The Psychology of Aging*, Cohan Publishing Co.

三、期刊部分

《天下雜誌》（1998），〈健康專刊〉。

《天下雜誌》（2007），365期。

《康健雜誌》（2001年5月），〈富有退休專刊〉。

老人服務叢書 1

老人心理學

作　　者／彭駕騂

出　版　者／威仕曼文化事業股份有限公司

發　行　人／葉忠賢

總　編　輯／閻富萍

地　　址／台北縣深坑鄉北深路三段 260 號 8 樓

電　　話／(02)8662-6826

傳　　真／(02)2664-7633

網　　址／http://www.ycrc.com.tw

　E-mail ／service@ycrc.com.tw

印　　刷／鼎易印刷事業股份有限公司

ＩＳＢＮ／978-986-82142-7-9

初版三刷／2012 年 3 月

定　　價／新台幣 320 元

國家圖書館出版品預行編目資料

老人心理學 = The psychology of aging / 彭
駕騂著. -- 初版. -- 臺北縣深坑鄉:威仕曼
文化, 2008. 02
　　　面　；　公分. -- (老人服務叢書；1)
參考書目：面

　　ISBN 978-986-82142-7-9(平裝)

　　1.老年心理學

　　173.5　　　　　　　　　　　　　96022753